EUROPAVERLAG

VERA TSCHECHOWA

Überwiegend
heiter

MEIN ZIEMLICH BEWEGTES LEBEN

EUROPAVERLAG

Der Text dieses Buches entstand unter der Mitarbeit
von Reinhard Mohr, Berlin.

»Einst haben die Kerls auf den Bäumen gehockt,
behaart und mit böser Visage.
Dann hat man sie aus dem Urwald gelockt
Und die Welt asphaltiert und aufgestockt
Bis zur dreißigsten Etage.

Da saßen sie nun, den Flöhen entflohn
In zentralgeheizten Räumen.
Da sitzen sie nun am Telefon.
Und es herrscht genau noch derselbe Ton
Wie seinerzeit auf den Bäumen.«

ERICH KÄSTNER, 1932

Für Peter, in Liebe und Dankbarkeit.
Mit seinem klaren Verstand und seinem schrägen Humor
hat er jede Seite dieses Buches begleitet.

INHALT

PROLOG

Im Dezember 2020, mitten im vorweihnachtlichen Lockdown wegen der Covid-19-Pandemie, besuchte meine engste Freundin, die Regisseurin Sherry Hormann, meinen Mann Peter und mich zu Hause. Nach dem schönen Essen fragte mich Sherry plötzlich:»Du hast nach einer langen, erfolgreichen Karriere als Theater- und Filmschauspielerin zehn filmische Porträts als Regisseurin gedreht, unter anderem über Armin Mueller-Stahl, Hans-Dietrich Genscher und Anthony Quinn. Wie müsste denn ein Porträt aussehen, in dem du selbst die Geschichte deines Lebens wiederfindest?«

Ich erwiderte:»Es müsste sich auf die Ereignisse und Menschen konzentrieren, die bewirkt haben, dass ich mich weiterentwickeln konnte, Menschen, die Freude in mein Leben gebracht haben so wie du! Seit einiger Zeit schon will ich die schönen Seiten meines Lebens niederschreiben. Du motivierst mich, es endlich zu tun. Den Film kannst du später immer noch machen. Dann hast du schon mal eine Vorlage.«

MEINE KINDHEIT IM KRIEG –
STRANDURLAUB AUF HIDDENSEE
UND BOMBEN AUF BERLIN

Wen sein Beruf mit Leidenschaft erfüllt, der unterscheidet nicht akribisch zwischen Arbeit und Freizeit. Beides geht, mal so, mal so, ineinander über. Und natürlich ist es ein großes Glück, die eigenen Neigungen und Talente mit dem verbinden zu können, was bei den meisten Menschen schlicht der »Broterwerb« ist.

Dennoch dachte ich mir eines Tages: Mehr als fünfzig Jahre im Beruf sollten genügen.

Meine zweite Karriere als Dokumentarfilmerin hatte im Jahr 1992 mit einem Porträt über Eduard Schewardnadse begonnen, den ehemaligen sowjetischen Außenminister und späteren Präsidenten von Georgien. 2008 dann, nach Fertigstellung des Films über den berühmten Kameramann Ballhaus – Titel: *Michael Ballhaus – eine Reise durch mein Leben* –, nach Schnitt, Mischung und Abnahme durch die Sender, fasste ich den Entschluss, dass dies meine letzte Regiearbeit gewesen war.

Warum aber habe ich mir das alles zugemutet, die Mühen und Anstrengungen, Risiken und angespannten Augenbli-

11

cke? Ganz einfach: Ich konnte und wollte nicht anders! Es gehörte zu meinem Leben. Und ich fühlte mich meistens ziemlich wohl dabei.

Das gilt genauso für meine beinahe vierzig Jahre währende Zeit als Schauspielerin, die nicht weniger arbeitsreich war und mich mit berühmten Kollegen wie Heinz Erhardt, Gert Fröbe, O. W. Fischer, Mario Adorf, Paula Wessely, Elisabeth Flickenschildt, Gustaf Gründgens und der Brecht-Ikone Therese Giehse zusammenbrachten.

Die vielen Menschen – und eben nicht nur die großen Namen –, denen ich dabei begegnete, mit denen ich mich auseinandersetzte, gaben mir nicht nur für meinen Beruf, sondern auch für mein gesamtes Leben, Denken und Handeln wichtige Impulse. Mit einigen entwickelten sich Freundschaften, die bis heute anhalten. Durch sie habe ich die Welt besser kennen-, besser erkennen gelernt. So weit die schönen Seiten.

Dennoch habe ich mich bei jeder Vorbereitung einer großen TV-Dokumentation gefragt: »Warum machst du das alles? Warum tust du dir das an?« Diese Fragen konnten in jeder Phase des Projekts auftauchen, das bis zur Endfassung bis zu zwei Jahre dauerte – sei es durch eine Blockade beim Drehbuchschreiben, beim Kampf um die Finanzierung oder bei den langen Reisen über Zeitzonen hinweg mit Jetlag-Problemen, die mich ebenso plagten wie den Hollywood-Star Dustin Hoffman.

Die Dreharbeiten begannen am frühen Morgen und endeten selten am frühen Abend. Gleiches galt für die Postproduktion des Films, speziell für den Schnitt.

Nach Abschluss jeder Arbeit bot sich immer das gleiche Bild: eine glückliche, aber ganz schön erschöpfte Kämpferin.

Viel Schlaf war das einzige Mittel, das mir wieder auf die Beine half. Einmal schlief ich sogar auf der Fahrt von Berlin in unseren geliebten Schwarzwald, während Peter – für ihn recht ungewöhnlich – behutsam unser Auto lenkte.

* * *

Beim Nachdenken über all das Vergangene frage ich mich: Wo in Berlin hat eigentlich mein Leben begonnen? Denn schon im Alter von zehn Jahren zog ich mit meiner Mutter Ada nach Oberbayern, ins Berchtesgadener Land. Zu welcher Zeit meiner Kindheit setzt also meine Erinnerung ein?

Ich kann sie nicht genau bestimmen. Natürlich gibt es eine Reihe von Geschichten, die ich vom Hörensagen kenne. Eine davon weiß ich von meinem Vater, dem Arzt Wilhelm Rust, der als Gynäkologe in der Charité arbeitete. Er erzählte, wie er mich 1940 – gerade mal ein paar Monate alt – in seinem Arbeitszimmer auf dem Arm ans Fenster getragen hat, um mir die schöne Aussicht, ich glaube auf die Invalidenstraße, zu zeigen. Doch was sich uns beiden darbot, war ein nicht enden wollender Zug berittener Soldaten.

Ansonsten kann ich mich verständlicherweise an sehr wenig aus meiner frühesten Kindheit erinnern. Wenn überhaupt, dann nur an Erzählungen meiner Eltern über diese Jahre.

Ein Erlebnis allerdings, von dem mein Vater immer wieder berichtete, wirkt bis heute nach: Ich schwimme gern, habe aber immer ein wenig Angst. Die Ursache dafür liegt wohl in einem Vorfall, der mir – so mein Vater – als Zweijährige widerfuhr.

Meine Eltern verbrachten ihren Sommerurlaub in den ersten Kriegsjahren auf Hiddensee. Im Sommer 1942 – kurz vor der dramatischen Schlacht um Stalingrad, weit weg in Russland – soll die zwei Jahre alte kleine Vera am Ostseestrand gespielt haben, während ihre Eltern mit Freunden unter Sonnenschirmen zusammensaßen und intensiv über die aus den Fugen geratene Welt redeten.

Es war heiß und die kleine Vera trug zum Schutz gegen die Mittagssonne einen großen Strohhut. Mein Vater erinnerte sich, wie er irgendwann instinktiv aus dem Schatten des Sonnenschirms heraus nach seiner Tochter Ausschau hielt.

Doch die war plötzlich verschwunden.

Als sein Blick in Richtung Meer wanderte, sah er den Strohhut im Wasser schwimmen – ohne die kleine Vera. Sofort rannte er los, sprang ins Wasser und wurde zum Lebensretter seiner Tochter.

Ich kann mich beim besten Willen nicht daran erinnern. Vielleicht liegt es an meiner lebenslangen, oft segensreichen Gabe, schlechte Erlebnisse aus meinem Gedächtnis zu verbannen.

* * *

1942 muss auch das Jahr gewesen sein, in dem mein Vater als Stabsarzt zur Wehrmacht eingezogen wurde. Erinnerungen an diese Zeit habe ich so gut wie gar nicht, auch nicht an den Krieg. Ich weiß nur noch, wie ich einmal während eines Bombenangriffs gebannt in den feuerroten Nachthimmel schaute, um im nächsten Augenblick von meiner Großmutter Olga in den Luftschutzbunker gezerrt zu werden, wo ich zusammen mit meinem Holzdackel und vielen unbekannten Menschen stundenlang ausharren musste.

Seit dieser Zeit nannten mich alle in meiner Familie »Kucki«. Meine überaus große Neugierde war wohl der Grund dafür.

Eine Begebenheit aber ist mir bis heute präsent geblieben. Es muss das Jahr 1944 gewesen sein, als ich im großen Garten des Hauses meiner Großmutter spielte und plötzlich ein Militärfahrzeug über die lange Auffahrt zum Haus fuhr. Ich sah, wie meine Großmutter, meine Mutter und alle anderen auf das Auto zustürmten. Voller Neugierde wartete ich darauf, was passieren würde. Im nächsten Moment beobachtete ich, wie ein Mann, auf dessen Jacke ein großes rotes Kreuz gestickt war, aus dem Wagen stieg. Er blickte auf und sah sofort – ohne irgendetwas anderes zu beachten – in meine Richtung, breitete seine Arme aus und rief laut: »Kucki!« Ich rannte los, nein, ich flog in seine Arme und hielt mich an ihm fest. Mein Vater war endlich heimgekehrt!

Der berühmte Leichtathletiktrainer Bert Sumser, ein lieber Freund der Familie, der zu dieser Zeit bei meiner Großmutter wohnte, sagte einmal scherzhaft, ich sei so schnell gelaufen, dass ich seinem Schüler Armin Hary, dem Olympiasieger von Rom 1960 über 100 Meter, alle Ehre gemacht hätte.

Der Mann mit der Rotkreuz-Jacke – mein Papa – konnte kurz vor Kriegsende zu meiner großen Freude in Berlin bleiben, um als ärztlicher Direktor eine Klinik in Friedrichshagen am Müggelsee aufzubauen. Seine engsten Mitarbeiter und Vertrauten waren meine Mutter und Bert Sumser.

Mein Vater war ein großer Arzt – und ein höchst bescheidener Mann. Viele Menschen, die ich kannte oder denen ich zufällig begegnete und die von ihm ärztlich betreut worden waren, darunter namhafte Personen aus Politik, Wirtschaft

15

und den Künsten, gerieten geradezu ins Schwärmen über die Art meines Vaters, vor der Diagnose den Patienten zuallererst als menschliches »Gesamtkunstwerk« zu erfassen. Mein Ehemann Peter, der seit Jugendzeiten unter Rückenbeschwerden litt und dem mein Vater helfen konnte, riet später allen Leidensgenossen: »Bei Rückenproblemen gehe nicht zum Orthopäden, sondern zum Gynäkologen!«

Mein Papa war ein eher leiser Zeitgenosse, der nicht viel Aufhebens von seiner Person machte. So war es auch nicht einfach, ihm zu entlocken, dass er in der Charité an der Seite von Professor Ferdinand Sauerbruch gearbeitet hatte, einem der bedeutendsten Chirurgen des 20. Jahrhunderts. Von meines Vaters Habilitation zur *Venia Legendi* erfuhren wir erst, als er weit über achtzig Jahre alt war. Er hatte die Unterlagen bei Kriegsende im Keller deponiert und erst fünfzig Jahre später auf unser Drängen wieder hervorgeholt.

Meine Eltern arbeiteten intensiv am Aufbau des Krankenhauses. Während dieser Zeit verzichtete meine Mutter auf alle Schauspielengagements. Dafür nutzte sie ihr Organisationstalent und ihren Geschäftssinn, um als De-facto-Verwaltungsdirektorin der Klinik zu agieren. So verbrachte ich viel Zeit bei meiner Großmutter Olga, die sich mir mit sehr viel Liebe und großer Einfühlung widmete.

Bert Sumser, der mit ihr lebte und ebenfalls hart arbeiten musste, fand trotzdem immer genügend Zeit, in der er sich um mich kümmerte. Berti wurde zu meinem stellvertretenden Vater und – Ehemann! Ehemann? Ja, ich weiß nicht mehr, wie oft Berti und ich heirateten, bestimmt fünfzig Mal in den wenigen Jahren.

Allerdings haben wir beide uns nie scheiden lassen. Die Zeremonie verlief stets gleich: Berti und ich trafen uns im

Wohnzimmer des Hauses meiner Großmutter. Dem Anlass entsprechend trug er einen dunklen Anzug und Krawatte, während ich in meinem feierlichen langen weißen Nachthemd erschien. Nach einer kurzen Umarmung erklärten wir uns für verheiratet. Anschließend schritten Berti und ich durch das ganze Haus und riefen:»Wir sind verheiratet! Wir sind verheiratet!«

Alle, denen wir begegneten, von meiner Großmutter bis zur Köchin, applaudierten uns.

Da wir beide also stets frisch verheiratet waren, unternahmen Berti und ich regelmäßig Hochzeitsreisen in die nahe gelegenen Wälder. Der arme Berti musste dann stundenlang – so habe ich es jedenfalls empfunden – seine Braut auf den Schultern tragen und ihr Waldgeschichten erzählen. Besonders große Baumwurzeln, die aus der Erde herausragten, waren für uns natürlich nicht bloß Wurzelwerk, sondern, wie Berti kundig erklärte,»Hexenfinger«.

Berti war für meine Familie und für mich im wahrsten Sinne des Wortes ein Mann für alle Fälle. Selbst zu Weihnachten musste er zum Einsatz – als Weihnachtsmann.

Von Kindheit an bin ich ein neugieriger Mensch gewesen. Diese Neugierde steigerte sich insbesondere bei Festlichkeiten wie Weihnachten. Am späten Nachmittag des Heiligen Abends – ich glaube, es war 1946 oder 1947 – schlich ich durch das Haus meiner Großmutter, in dem wir diesmal feiern wollten. In einem der Kellerräume entdeckte ich doch tatsächlich, auf einer Pritsche liegend, den schlafenden Weihnachtsmann. Ich traute meinen Augen kaum. Er musste sich wahrscheinlich ausruhen, so dachte ich zunächst, da er ja einen äußerst anstrengenden Abend und eine ebensolche Nacht vor sich hatte.

Beim näheren Hinsehen allerdings entpuppte sich der schlafende Weihnachtsmann als mein »Ehepartner«. Kichernd lief ich davon. Bei der Bescherung war mir dann doch etwas blümerant zumute, denn eigentlich wusste ich, dass der Weihnachtsmann kein anderer sein konnte als Berti, doch ich blieb unsicher und ein gewisses Angstgefühl konnte ich bei aller inneren Belustigung nicht abschütteln.

Weihnachten in Friedrichshagen – das war für mich auch in anderer Hinsicht ein besonderes Ereignis: Ich musste einen Extraeinsatz in der Klinik meines Vaters absolvieren. Der begann gegen Mittag des 24. Dezember. Lucy, die Oberschwester der Klinik und enge Vertraute meines Vaters, steckte mich in ein langes weißes Kleid, auf das sie vorher silberne Sternchen gestickt hatte. Kurz darauf erschien mein Vater und wir drei begannen mit dem Weihnachtsbesuch bei den Patienten. An Einzelheiten kann ich mich nicht mehr erinnern, ich weiß nur, dass ich die Art meines Vaters, wie er mit den Kranken sprach und für jeden die richtigen Worte fand, tief bewunderte.

Schwester Lucy und ich waren nicht nur zu Weihnachten ein harmonisches Gespann. So musste ich mit ihr am Sonntag in die Kirche, und wenn Berti verhindert war, kümmerte sie sich fürsorglich um mich. Ich habe sie stets als einen sehr warmherzigen Menschen in Erinnerung behalten und ich hatte das Gefühl, dass auch sie mich sehr mochte.

Das Ende des Krieges und die dann beginnende Besatzungszeit habe ich als solche nicht wahrgenommen. Ich weiß nur, dass ab einer bestimmten Zeit viele Menschen um uns herum Russisch sprachen. Bis zu diesem Zeitpunkt kannte ich das nur von meiner Mutter und Großmutter, die sich gelegentlich auf Russisch unterhielten.

* * *

»Heute Mittag gibt es Tante Mascha von der Krim zu essen!«, rief Großmutter Olga. Russisch war ihre Muttersprache, denn meine Großmutter stammte aus einer großbürgerlichen russischen Familie. Sie heiratete sehr jung, 1914, im Alter von siebzehn Jahren, den berühmten Schauspieler Michail Tschechow. Sein Onkel war der weltberühmte Schriftsteller Anton Tschechow, dessen Theaterstücke, wie *Die Möwe* und *Der Kirschgarten*, bis heute in der ganzen Welt aufgeführt werden.

Im Jahre 1916, mitten im Ersten Weltkrieg und zwei Jahre nach der Heirat meiner Großeltern, erblickte meine Mutter Ada das Licht der Welt. Sie blieb das einzige Kind aus dieser Ehe, die schon ein Jahr später endete. Der Grund lag vor allem in den Alkoholexzessen meines Großvaters, der später durch die Anthroposophie Rudolf Steiners zum entschiedenen Antialkoholiker mutierte.

1921 emigrierte Olga nach Deutschland und setzte ihre Karriere als Schauspielerin, Regisseurin und Produzentin in Berlin sehr schnell und sehr erfolgreich fort – am Ende mit insgesamt 150 Spielfilmen, darunter *Schloss Vogelöd, Die Drei von der Tankstelle, Liebelei, Maskerade* und *Bel Ami*.

Ihre Regisseure waren Filmgenies wie Friedrich Wilhelm Murnau, René Clair, Alfred Hitchcock und Max Ophüls. Schnell wurde sie zu einer Berühmtheit. In ihren Memoiren nach dem Krieg verhehlte sie selbst nicht die Tatsache, dass sie, als »Grande Dame« des deutschen Films der Dreißigerjahre und legendärer UFA-Star, Hitlers Lieblingsschauspielerin gewesen war. Ihre Nähe zu Größen des Naziregimes teilte sie mit anderen berühmten Schauspielern dieser Zeit

19

wie Heinz Rühmann, Heinrich George, Gustaf Gründgens und Luis Trenker.

Sollte man Olga vorwerfen, dass sie sich mit den Nationalsozialisten arrangiert hat? Ich denke, nein! Natürlich hat sie mit dem »Teufel« gelebt, aber Olga ist ihm nie verfallen. Ansonsten hätte etwa ihre tiefe Freundschaft mit dem wunderbaren Kabarettisten Werner Finck (1902–1978), dem Bertolt Brecht das Gedicht *Eulenspiegel überlebt den Krieg* widmete, die Nazizeit nicht überdauert. Finck wurde 1935 in ein Konzentrationslager verbracht, kam aber rasch, offenbar auf Anordnung von Reichsmarschall Hermann Göring, wieder frei, erhielt danach ein Jahr Auftrittsverbot und wurde 1939 aus der »Reichskulturkammer« ausgeschlossen.

Um einer weiteren Verhaftung zuvorzukommen, meldete er sich freiwillig zum Kriegsdienst. Als Funker war er in Frankreich, Italien und an der Ostfront, wo er das »Eiserne Kreuz II. Klasse« erhielt. Am Ende retteten ihn Auftritte in Unterhaltungsprogrammen der Truppenbetreuung.

Ich weiß noch, dass ich Olga in den Sechziger- und Siebzigerjahren oft in das Schwabinger Weinlokal *Zum Tröpfchen* fahren musste, weil sie dort mit »Wernerchen« zum »Weinchen«-Trinken verabredet war. Noch heute muss ich über Werner Fincks legendäres, geistreich-spitzfindiges Vexierspiel mit der Sprache schmunzeln. Ein Beispiel gefällig?

Frage: »Wo stehen Sie politisch?« Antwort Finck: »Ich stehe hinter jeder Regierung, bei der ich nicht sitzen muss, wenn ich nicht hinter ihr stehe.«

Schon 1923 war Olga ein deutscher Stummfilmstar gewesen und in der Lage, meine Mutter in Begleitung von Olgas Mutter Helene Knipper, genannt Baba, also meine Urgroßmutter, nach Berlin zu holen. Als mein Großvater 1928 ebenfalls nach Berlin emigrierte, damals mit seiner zweiten Frau Xenia, unterstützte ihn meine Großmutter unter anderem, indem sie ihm in ihrer Regiearbeit *Narr seiner Liebe* die Hauptrolle übertrug. Zu Beginn der 1930er-Jahre ging er nach England und baute dort seine berühmte Schauspielschule in Dartington Hall auf, einem Landgut und Herrenhaus noch aus der normannischen Epoche, das im 14. Jahrhundert Richard II. gehörte. 1939 wechselte er in die USA. Zu seinen Schülern gehörten Weltstars wie Ingrid Bergman, Gregory Peck, Yul Brynner, Marilyn Monroe, Anthony Quinn. Seine Methode, die Schauspielkunst zu erlernen, erlebt gerade weltweit eine Renaissance.

Olga war, seit ich mich erinnern konnte, für mich da. Sie war nicht einfach meine Großmutter – sie war Großmutter, Mutter und Vater in einer Person. Später wurde sie zu meinem wichtigsten Mentor und Ratgeber. Trotz ihrer vielfältigen Tätigkeiten als Schauspielerin, Produzentin und Unternehmerin musste ich niemals auf sie warten oder nach ihr rufen. Sie war einfach da.

An die vierzig Jahre, in denen mir das große Glück beschieden war, mit Olga zu leben, habe ich ausschließlich schöne Erinnerungen. Selbst als sie mich später, in meiner Zeit als Schauspielerin, gelegentlich kritisch zur Brust nahm, empfand ich ihre Bemerkungen niemals als lästig, sondern als liebevolle Fingerzeige, die mich in meiner Entwicklung weiterbringen sollten.

Ich werde nie vergessen, wie mir Olga in meiner Kindheit durch ihre großartige Gabe des Erzählens meine familiären Wurzeln in Russland näherzubringen versuchte. Immer wieder rankten sich die Geschichten um Onkel Anton – Anton Tschechow – und Tante Mascha von der Krim, Tschechows

Schwester. Doch nicht nur in meine russische Welt führte mich Olga ein. Sie lehrte mich, ein weltoffener, stets neugieriger Mensch zu werden, indem sie mir den Zugang zu den Schönheiten der gesamten Welt behutsam öffnete, ohne das Böse zu verschleiern.

Nur bei einem Satz von ihr ergriff ich regelmäßig die Flucht. Wann immer sie sagte: »Heute gibt es Tante Mascha von der Krim« – das bedeutete Quark mit Leinöl zum Essen –, suchte ich das Weite. Olga war es auch, die wie niemand sonst meiner Fähigkeit, Krebse zu fangen, angemessenen Respekt zollte. Es war für mich stets ein großes Vergnügen, am seichten Ufer des Müggelsees geduldig auf den richtigen Moment zu warten, um einen Krebs zu »erlegen«.

Die Fangquote nach mehreren Stunden harter Arbeit variierte von drei bis vier Krebsen = häufig, bis zu zwölf bis dreizehn Krebsen = selten. Als ich wieder einen großen Fang nach Hause brachte, sprach Olga vor der versammelten Familie: »Wenn wir dich nicht hätten, würden wir verhungern!« Durch diese Worte angestachelt, brach ich gleich wieder zur Jagd auf. Zur Belohnung für meine Fangkunst schenkte mir Olga ein kleines Schäfchen, das ich sofort lieb gewann und zu ihrer großen Freude hegte und pflegte, bis es erwachsen wurde. In der Werbe- und Marketingbranche würde man das heute ein »Incentive« nennen.

Als sie mir viele Jahre später zur Verleihung des Filmpreises für meine Leistung in der Heinrich-Böll-Verfilmung *Das Brot der frühen Jahre* gratulierte, hatte sie wieder ihre spezielle Motivationstaktik parat: »Das muss für dich Ansporn sein, jetzt konsequent an dir weiterzuarbeiten.«

Ein Leitmotiv für mich war, in Anlehnung an ein Zitat ihres berühmten Lehrers Konstantin Stanislawski, auch ihre

Bemerkung, der Schauspieler müsse über ein »intelligentes Herz« verfügen. Damit wollte sie zum Ausdruck bringen, dass Kenntnisse in Theater- und Kunstgeschichte eine unerlässliche Voraussetzung für den Schauspielberuf sind.

»Baut euch ein Paradies auf Erden, vielleicht gibt es kein anderes« – das war noch so ein Lebensmotto à la Olga und dieses Paradies schuf sie tatsächlich für mich, später auch für meinen Stiefbruder Mischa, meinen Sohn Nick und meinen ersten Ehemann Vadim Glowna. Ihm stand sie allerdings anfangs skeptisch gegenüber, getreu einem weiteren strikten Leitsatz: »Eine Frau heiratet nicht! Sie muss unabhängig bleiben!«

Doch schnell wendete sich das Blatt. Olga und Vadim wurden ein Herz und eine Seele. Sie umhegte ihn liebevoll wie einen Sohn. Und Liebe geht bekanntlich durch den Magen. Wann immer sie konnte, verwöhnte uns Olga, vor allem Vadim, mit ihrer wunderbaren Kochkunst. Noch heute klingt mir ihr Ruf an Vadim zum Essen in den Ohren, wenn sie flötete: »Vadimchen, ich habe heute wieder dein Lieblingsessen zubereitet! Es gibt Rehchen!«

Am 9. März 1980 verabschiedete sich Olga aus dieser Welt mit der ihr eigenen großen Würde. Sie trank einen Schluck Wein und sagte: »Das Leben war schön!« Es waren die gleichen Worte, mit denen mein Urgroßonkel Anton Tschechow sich vom Leben verabschiedet hatte. Und obwohl ich seit einiger Zeit dachte, dass Olga bald sterben würde, traf mich ihr Tod mit der gleichen Wucht wie der meiner Mutter.

BERLIN 1945:
MIT DEM TRETROLLER DURCHS
TRÜMMERFELD

Es waren nicht nur ihre russischen Sprachkenntnisse, die meiner Mutter bei ihrer Arbeit in der Klinik meines Vaters zugutekamen. Das Krankenhaus lag in der sowjetischen Besatzungszone und meiner Mutter oblag vor allem die Verhandlungsführung mit der russischen Kommandantur. Ihrem großen Verhandlungsgeschick ist es zu verdanken, dass die Klinik in diesen an Versorgungsengpässen reichen Zeiten immer bestens ausgestattet war, von der Bettwäsche bis zur Mullbinde.

Nicht zuletzt dank meiner Mutter gab es in der Klinik meines Vaters auch zunehmend russische Patienten, darunter eine sehr sympathische, hochschwangere Dame namens Vera Bokowa. Sie war die Frau von Major Bokow. Ich erinnere mich noch sehr gut an ihn. Ein kleiner dicker Mann, behangen mit derart vielen Orden, dass sie bei jeder seiner Bewegungen klimperten. Er hatte immer rote Bäckchen und trug stets ein Lächeln im Gesicht. Als mein Vater seine Frau erfolgreich entbunden hatte, brachte mir der Major einen riesengroßen Spielzeughasen, der meine kleine Statur meilenweit überragte.

Gegenüber der Klinik meines Vaters stand ein Gebäude, vor dessen Eingang in einem Wachhäuschen ein russischer Soldat postiert war. Das Faszinierende an ihm war nicht sein Gewehr, sondern seine weißen Gamaschen. Eines Tages, als ich den Wachposten wieder einmal beobachtete, sah ich, wie er von einem Kameraden abgelöst wurde. Während er im Wachhäuschen Platz nahm, marschierte mein Gamaschenträger davon. Ich weiß noch wie heute, dass das, was dann passierte, mich sehr erheiterte. Denn ohne es zu merken, löste sich eine Gamasche ab. So ergab sich das lustige Bild eines marschierenden Soldaten, der eine weiße Schleppe hinter sich herzog.

Zu dieser Zeit besaß meine Großmutter ein Wochenendhaus in Glienicke, das nach dem Krieg entsprechend der Sektorenaufteilung zur britischen Zone gehörte. In der Nachbarschaft lebte ein gleichaltriges Mädchen, mit dem mich nun seit mehr als fünfundsiebzig Jahren eine enge Freundschaft verbindet, obwohl wir uns zuweilen über Jahre nicht gesehen haben. Ihr Name: Anja Silja. Wir beide wissen nicht mehr genau, wann wir uns kennengelernt haben, es muss aber entweder kurz vor oder kurz nach Kriegsende gewesen sein – also waren wir vier oder fünf Jahre alt.

Anja Silja, das singende Wunderkind, später ein weltweit gefeierter Opernstar, hatte ein großes Herz und viel Humor. Anja konnte es sogar ertragen und kopfschüttelnd lächeln, wenn ich sie fragte, wann sie denn wieder »Wagner jaulen« würde. Auch über Mark Twains Ausspruch, Wagners Musik sei »gar nicht so schlecht sei, wie sie sich anhört«, konnte sie herzhaft lachen.

Anja behauptet, dass wir uns zum ersten Mal auf einem Kindergeburtstag gesehen haben. In Erinnerung jedenfalls ist mir geblieben, dass Anja während unseres Spiels oft weggeholt wurde – von ihrem Großvater, der zugleich ihr Gesangslehrer war. Ich empfand diese Unterbrechung stets als äußerst unpassend, während Anja es ohne Murren hinnahm. Anja und ich mochten uns auf Anhieb. Ein Grund für unsere Freundschaft war ganz profan mein schöner Tretroller! Er war Anjas Objekt der Begierde. So kam es anfangs zu einem täglichen Kampf um das damals schon klimaneutrale Fortbewegungsmittel, weil Anja immer wieder versuchte, es mir wegzunehmen. Manchmal war ich deshalb den Tränen nahe. Am Ende aber wurden wir uns einig und versöhnten uns.

Der Roller lässt uns bis zum heutigen Tag nicht los. Als mein Mann Peter und ich vor zwei Jahren Anja in unserem Lieblingsrestaurant, der Trattoria Don Carlo, trafen, staunten wir nicht schlecht, als wir sie pünktlich zu unserer Verabredung auf einem Tretroller heranrauschen sahen. Ihr war es ebenso wie mir ergangen: Das gemeinsame Spiel wurde für uns zur Krönung des Tages.

Dieses fröhliche In-den-Tag-hinein-Spielen fand im Juni 1948 ein jähes Ende. Die Weltpolitik erfasste auch unsere Kindheit, der Beginn des Kalten Krieges zwischen Ost und West: die Berlin-Blockade durch die Sowjetunion. Fast ein Jahr lang, bis zum 12. Mai 1949, war Westberlin durch russische Truppen komplett abgeriegelt. Nur die Luftbrücke der westlichen Alliierten mit ihren legendären »Rosinenbombern«, die zuweilen sogar Schokolade abwarfen, hielt die Versorgung der Stadt mit Grundnahrungsmitteln aufrecht.

Ich weiß noch genau, wie meine Eltern mir eines Tages mit ernsten Mienen gegenübersaßen und erklärten, dass es in Berlin sehr bald kaum noch etwas zu essen geben würde. Daher sollte ich für einige Zeit in die westfälische Heimat meines Vaters gehen, genauer: auf den Bauernhof seines Schwagers und seiner Frau Maria, der Schwester meines Papas.

Der tatsächliche Grund für meine »Kinderlandverschickung« war aber die große Furcht meiner Eltern vor einer Eskalation des Ost-West-Konflikts im Brennpunkt Berlin zu einem heißen Krieg. Eine Angst, die damals gar nicht so unbegründet war. Heute spricht man zumeist nur noch über die Flugzeuge des Typs Douglas C-54, die die Westberliner mit Kohlen, Mehl und Zucker versorgten. Wie bedrohlich die Lage für Berlin aber tatsächlich war, davon legt ein Ereignis vom 9. September 1948 eindrucksvoll Zeugnis ab. Damals war ich acht Jahre alt.

An diesem Tag kamen vor den Ruinen des im Krieg zerbombten Reichstags mehr als 300.000 Berliner zusammen und hörten die später zur Legende gewordene Rede des Oberbürgermeisters Ernst Reuter: »Ihr Völker der Welt, ihr Völker in Amerika, in England, Frankreich, in Italien: Schaut auf diese Stadt und erkennt, dass ihr diese Stadt und dieses Volk nicht preisgeben dürft und nicht preisgeben könnt ...!«

So begann – unter dem Eindruck dramatischer welthistorischer Ereignisse – mein Leben auf dem Lande. Für einige Zeit ging ich in Büren bei Paderborn auch zur Schule. Ich erinnere mich aber nicht gern daran. Es war für mich ein Leben in einer völlig fremden Welt. Ich fühlte mich einsam, fand so gut wie keine Freunde und kam mit der Lebensart dort überhaupt nicht zurecht. Nicht die landwirtschaftlich-bäuerliche Umgebung störte mich – dagegen habe ich niemals etwas einzuwenden gehabt, im Gegenteil. Bis heute fühle ich mich in diesem Milieu sehr wohl und denke oft mit Freuden an meine Kindheit im Berchtesgadener Land zurück.

Was mir in Westfalen großes Unbehagen bereitete, war dieser kleinstädtische, spießbürgerliche Mief zu jener Zeit. Immer wenn ich mich an diese Zeit erinnere, fällt mir das Lied »Deutscher Sonntag« von Franz Josef Degenhardt aus dem Jahr 1965 ein, vor allem folgende Strophe:

»Wenn die Bratendüfte wehen,
Jungfrauen den Kaplan umstehen,
der so nette Witzchen macht,
und wenn es dann so harmlos lacht,
wenn auf allen Fensterbänken
Pudding dampft und aus den Schänken
schallt das Lied vom Wiesengrund
und dass am Bach ein Birklein stund.
Alle Glocken läuten mit,
die ganze Stadt kriegt Appetit,
das ist dann genau die Zeit,
da frier' ich vor Gemütlichkeit.«

So ist es nicht verwunderlich, dass meine Erinnerung an diese Zeit nur bruchstückhaft ist. Vieles habe ich schnell wieder aus meinem Gedächtnis gestrichen, um für schöne Dinge Platz zu haben. Beinahe alles war mir dort fremd und zuwider, angefangen vom langen und beschwerlichen Weg zur Schule, die groben, rohen Streiche der Landarbeiter, die lebendige Frösche zerschnitten und mir tote Mäuse in die Gummistiefel steckten, bis hin zu den sonntäglichen Kirchgängen, anlässlich derer sich alle ganz besonders herausputzten.

Einzig mein Großvater und meine Großmutter, die in der Nähe in einem Haus mit einem sehr großen Obst- und Gemüsegarten wohnten und bei denen ich oft übernachten durfte, wenn auch nur zwischen den beiden auf der »Besucherritze«, konnten mich ein wenig aufheitern. Die Ruhe dort behagte mir besonders. Doch eine Unterhaltung zwischen den beiden fand so gut wie nie statt.

Mein Opa saß tagsüber meistens in seinem großen Lehnstuhl mit einer Tasse Kaffee am Fenster und beobachtete das Geschehen, während meine Großmutter viel Zeit mit Beten verbrachte – zu Hause oder in der Kirche.

Eine Sache werde ich allerdings nie vergessen, etwas, das ich einfach so komisch fand, dass es mich nachhaltig belustigte. Mein Großvater hatte neben seinem Bett einen bemalten Nachttopf stehen, den er nachts regelmäßig benutzte. Wenn er dann mit seinen Holzlatschen hin zum Fenster stapfte, weckte er zumindest mich auf. Meine Großmutter war wahrscheinlich mit der Prozedur dermaßen vertraut, dass sie einfach weiterschlief. Ich aber konnte meinen Großvater dabei beobachten, wie er in seinem gestreiften Schlafanzug am Fenster stand und genüsslich lächelnd den Inhalt des Nachttopfs in den Garten kippte. Wahrscheinlich war er davon überzeugt, dass sich durch seine Spezialbewässerung der Düngungsprozess bei den vielen Obst- und Gemüsebeeten merklich beschleunigen würde – offenbar eine frühe Form biodynamischer Gartenkultur.

Die entspannte Atmosphäre im Hause meiner Großeltern konnte allerdings die übrigen westfälischen Schrecklichkeiten nicht aufwiegen, sodass ich meinen Eltern erklärte, dass ich in den Hungerstreik träte, falls sie mich nicht sofort aus dieser Einöde erlösen würden. Sie fassten sich ein Herz und holten mich nach Berlin zurück. Ich fühlte mich wie zu Weihnachten und konnte endlich wieder mit Anja spielen.

* * *

Meine Berliner Jahre endeten um das Jahr 1950 herum, weil sich meine Eltern scheiden ließen. Sowohl meine Mutter als auch mein Vater verheirateten sich wieder, doch zu den neuen Partnern konnte ich nie eine wirkliche Beziehung entwickeln. Sie blieben mir immer fremd. Ich hatte eine Mutter, die ich lieb hatte, und einen Vater, den ich lieb hatte. Ich wollte keine neuen Eltern! Außerdem konnte ich den Grund für die Trennung überhaupt nicht verstehen – eigentlich bis heute nicht. Streitend habe ich meine Eltern jedenfalls nie erlebt.

Nur zu meinen Stiefgeschwistern Manuela und Michael hatte ich von Beginn an ein sehr freundschaftliches Verhältnis, das bis heute andauert. Wir sahen uns zwar selten, da ich nur gelegentlich in den Ferien nach Berlin kam. Aber eine Anekdote fällt mir ein: Bei einem dieser Besuche stiegen meine Stiefschwester Manuela und ich, wie es sich für zwei vierzehnjährige Backfische gehört, aus dem Fenster der väterlichen Wohnung, um uns eine Zigarette Marke *Ernte 23* zu teilen. Nach Hause zurückgekehrt, putzten wir uns dann eine halbe Stunde lang die Zähne, um sämtliche Geruchsspuren zu verwischen.

Als ich Peter die Geschichte erzählte, hatte er sofort wieder einen seiner Sprüche auf Lager. Wie oft stammte er aus der satirischen Zeitschrift *Pardon*, die 1962 das Licht der

Welt erblickte und der nichts heilig war. Als Parodie auf die allfälligen Warnungen vor dem Rauchen kamen die *Pardon*-Macher mit einem ganz praktischen Rat um die Ecke: »Ernte 32 – auf dem Höhepunkt des Lebens abtreten!«

VOM GLÜCK DER BERGE –
MEIN NEUES LEBEN IN
OBERBAYERN

Für die nächsten beinahe vierzig Jahre sollte Bayern zu meinem Lebensmittelpunkt werden. Zwar reiste ich viel nach Berlin, besuchte meinen Vater und bald führte mich auch der Beruf immer wieder dorthin. Doch ich habe mich nie als Berlinerin empfunden. Mein Herz schlägt bis heute für Bayern. Es liegt sicherlich vor allem daran, dass ich dort die Jahre meines Lebens verbracht habe, die mich am meisten prägten. Hinzu kommt, dass ich Berlin nur als eine völlig zerstörte Stadt erlebt habe. Bewusst wahrgenommen habe ich nur die Nachkriegsjahre, und auch diese nur bruchstückhaft. Heute dagegen leben wir in Berlin und ich möchte in keiner anderen Stadt sein. Doch bis zu meiner Rückkehr 1988 hatte ich ein gespaltenes Verhältnis zu Berlin.

Ein Grund dafür war sicherlich auch, dass hier die Trennung meiner Eltern passiert ist. Die notorische Frontstadt-Überheblichkeit und der für mich eher uncharmant klingende Berliner Dialekt verstärkten mein ambivalentes Bild von der Stadt. Die Hybris immerhin ist so gut wie verschwunden. Und das Berlinern? Ich habe mich daran gewöhnt, finde es bei vielen Eingeborenen sogar ganz lustig. Allerdings renne ich davon, wenn der Dialekt wie einst in der DDR hyperkultiviert wird. Ich erinnere mich an eine Aufführung der »Drei Schwestern« meines Urgroßonkels Anton Tschechow im Gorki-Theater Anfang der 1990er-Jahre, bei dem auf Teufel komm raus berlinert wurde. Peter und ich haben die Vorstellung nach kurzer Zeit kopfschüttelnd verlassen.

Wenn ich jedoch daran denke, was diese Stadt schon alles aushalten musste, erscheint mir vieles in einem ganz anderen Licht.

* * *

Nach einem Kurzaufenthalt in einer Wohnung in Berlin-Wilmersdorf zogen meine Mutter, ihr neuer Ehemann und ich in den Süden. Warum ausgerechnet Bayern? Meine Mutter wollte weit weg von Berlin, insbesondere, um dem Trubel zu entgehen, den ihre Scheidung und die Heirat ausgelöst hatten.

Unsere erste Station war die kleine Gemeinde Bischofswiesen im Berchtesgadener Land unweit von Watzmann und Königssee. Wir wohnten dort inmitten prachtvoller Wiesen in einem großen Haus, zu dem sogar ein Pool gehörte. Außer den zwei Bauernhöfen, die in Sichtweite von uns lagen, waren um uns herum vor allem Wälder, Wiesen und Berge, mitten darin mein Lieblingsberg: die »Schlafende Hexe«.

Die herrliche Umgebung war sicherlich ein entscheidender Grund dafür, dass ich im Gegensatz zu meinem Abenteuer auf dem platten westfälischen Land im alpinen Bayern so gut wie keine Anpassungsschwierigkeiten hatte. Auch zu den Menschen dort fand ich sofort Kontakt.

Es entstanden rasch Freundschaften zu Mitschülern und auch die Erwachsenen fand ich irgendwie liebenswert. Ich erinnere mich noch genau, wie ich regelmäßig zu einem der nahe gelegenen Bauernhöfe ging, um mit einer Kanne Milch zurückzukehren. Die bodenständige Freundlichkeit, mit der mir die Menschen dort begegneten, habe ich bis heute nicht vergessen.

Selbst in der Schule fühlte ich mich wohl. Zunächst ging ich in die Volksschule von Bischofswiesen. »Gehen«, ja – im Frühjahr, Sommer und Herbst. Doch sobald der Winter Einzug hielt, gab es keine andere Möglichkeit, als auf Skiern zur Bushaltestelle zu fahren. Die Bretter wurden dann auf das Deck des Busses verladen und ab ging's zur Schule. In umgekehrter Prozedur verlief dann der Rückweg nach Hause. Obwohl das Ganze aufgrund der Schneemengen nicht ganz unbeschwerlich war, habe ich mich niemals darüber beklagt. Es gehörte einfach zu meinem Leben, ebenso wie die Blumenpracht im Frühjahr und Sommer.

Im Schulbus nach Bischofswiesen begegnete ich übrigens dem einzigen Menschen der Region, der mir ein wenig auf die Nerven ging – ein rothaariger, sommersprossiger Mitschüler, der die Klasse über mir besuchte und mir permanent die Zunge rausstreckte. Dieser Junge trug, jedenfalls in meiner Vorstellung, stets Lederhosen und ich erinnere mich noch genau daran, wie er sich in derber bayerischer Mundart ständig über mein Hochdeutsch lustig machte.

Der Blödmann war mir sicherlich lästig, doch letztlich habe ich diesen kleinen Störenfried in meinem ansonsten freudvollen Leben achselzuckend zur Kenntnis genommen, denn die Art, wie er mich hänselte, war zwar nicht charmant, aber auch nicht wirklich bösartig. Meine liebste

Freundin hieß Bärbel, ein einfaches Bauernmädel, das wie ich lange Zöpfe trug. Bärbel war herzensgut, sehr hilfsbereit und vor allem eine handfeste Spielkameradin, mit der ich gemeinsam die umliegenden Wälder und Berge erkundete.

Ein weiterer Schulkamerad war Kurt Rittig, später unter anderem Programmdirektor beim Sender Freies Berlin und Südwestrundfunk. Bärbel, Kurt und andere besuchten mich oft in unserem Haus, und wenn meine Mutter unterwegs war – was häufig geschah –, dann zog ich ihre Kleider an und gab meinen Freundinnen und Freunden eine Tanzvorführung. Das jedenfalls berichtete mir Kurt Rittig Jahrzehnte später.

Meine Mutter war viel auf Reisen und delegierte die »Aufsicht« über mich an unsere Haushälterin Julia, die ich nur »Lulli« nannte. Die Arme war Asthmatikerin und hatte es manchmal nicht leicht mit mir, denn ich dachte mir immer neue Streiche aus, um sie zu ärgern. Wenn es besonders dreist wurde, musste sie ihr Inhaliergerät benutzen und hielt mir danach eine Strafpredigt, die sie allerdings vor lauter Lachen nicht zu Ende bringen konnte.

Im Winter saßen Lulli und ich am Fenster und schauten auf von uns eingeritzte Markierungen am Garagentor. Wenn der Schnee eine bestimmte Marke erreicht hatte, wussten wir, dass die Zeit gekommen war, auf Skiern zur Bushaltestelle zu fahren.

Eines aber war und blieb für mich das Schönste und Wichtigste in dieser Zeit: meine einsamen Wanderungen in den Vorbergen der »Schlafenden Hexe«, inmitten von Enzian, Murmeltieren und Gämsen. Hier wanderte ich, ohne zu ermüden, und genoss die Schönheit dieser paradiesischen

Landschaft. Hier konnte ich meiner Fantasie freien Lauf lassen und träumen.

Meine Mutter war von meinen Ausflügen weniger begeistert. Ich weiß nicht, wie oft sie vollkommen aufgelöst nach mir suchte. Einmal brachte ich ihr als eine Art Wiedergutmachung einen Strauß Enzian mit nach Hause. Ich sah ihr an, dass sie sich freute, und sie bedankte sich ganz lieb bei mir. Sie bat mich aber gleich darauf, das nie wieder zu tun, da diese Blumen unter Naturschutz stünden und nicht gepflückt werden dürften.

Es war eine schöne, prägende Zeit für mich im Berchtesgadener Land, doch sie endete schon nach wenigen Jahren, ich glaube 1954, kurz vor meinem vierzehnten Geburtstag. Meine Mutter hatte, nachdem auch diese Ehe in die Brüche gegangen war, die Nase voll von der Ehe und machte mir deutlich, nie wieder in ein Abhängigkeitsverhältnis zu einem Mann geraten zu wollen. Deshalb müsse sie einen Weg einschlagen, der es ihr ermögliche, vollkommen unabhängig zu sein und auf eigenen geschäftlichen Füßen zu stehen. Sie habe sich entschieden, eine eigene Künstleragentur zu gründen. Bischofswiesen sei dafür nicht der geeignete Standort.

Damit war für mich wieder einmal Umzug angesagt. Das Ziel hieß dieses Mal München. Natürlich machte mich diese Nachricht sehr traurig, denn das Berchtesgadener Land mit seinen Menschen war mir so sehr ans Herz gewachsen. Doch es gab einen gewissen Silberstreifen am Horizont, der mir den Abschied zumindest ein wenig erleichterte. In München lebte nämlich meine geliebte Großmutter Olga, die dort inzwischen eine Filmproduktion und eine eigene Kosmetikfirma aufgebaut und ihre lange Karriere als Schauspielerin für beendet erklärt hatte.

Danach schaffte es nur noch der Regisseur der höchst populären *Immenhof*-Filme, Wolfgang Schleif, Olga für zwei dieser Filme vor die Kamera zu locken. Meine Großmutter hatte uns zwar gelegentlich in Bischofswiesen besucht, doch die Aussicht, wieder regelmäßig mit ihr zusammen zu sein, stimmte mich froh und ließ mich mit guten Gedanken in die Zukunft blicken.

Also zogen wir nach München. Wir, das waren meine Mutter, ich und der kleine Mischa, mein Stiefbruder, damals etwa drei Jahre alt. Zu ihm hatte ich von Beginn an ein besonders herzliches geschwisterliches Verhältnis. Darüber hinaus entwickelte sich bei mir, der zehn Jahre älteren Schwester, sofort ein gewisses Verantwortungsgefühl ihm gegenüber. Ich denke oft an Mischa und seine tragische Geschichte. »Luto«, so wollte er gerufen werden und so nannten wir ihn dann auch: eine Mischung aus den Comicfiguren »Lupo« aus *Fix und Foxi* und »Pluto«, dem Hund von *Micky Maus*.

Nach dem Besuch der Privatschule Schloss Salem arbeitete Luto als Karikaturist und bei verschiedenen Fernsehproduktionen. Leider erkrankte er sehr früh und sehr schwer. Eine wirkliche Erholung war ihm nie vergönnt, im Gegenteil: Im Jahr 2003 nahm er sich gemeinsam mit seiner Frau das Leben.

* * *

Der Münchner Stadtteil Obermenzing wurde für mehr als dreißig Jahre zum Mittelpunkt meines Lebens. Meine Mutter kaufte dort ein großes Anwesen mit einem riesigen Garten und schuf damit beste Voraussetzungen, mir den Umzug von Berchtesgaden leicht zu machen. Eigentlich. Wenn da nicht die Einschränkung gewesen wäre, dass ich unser schönes Anwesen nur alle vierzehn Tage am Wochenende, gewissermaßen als Besucherin, erleben durfte. Die meiste Zeit damals verbrachte ich nämlich im Max-Josef-Stift, einem Internat im Münchner Stadtteil Bogenhausen.

Der Aufbau ihrer Firma nahm meine Mutter nahezu rund um die Uhr in Anspruch. Binnen kurzer Zeit hatte sie sich mit ihrer Künstleragentur durch harte Arbeit, ihren intuitiven Geschäftssinn und ihr Verhandlungsgeschick einen Namen gemacht. Carl-Heinz Schroth *(Der Kongress tanzt, Wenn der Vater mit dem Sohne)* und viele andere populäre Schauspieler wurden von ihr betreut. Da sie großen Wert auf meine Bildung legte, sich aber persönlich nicht darum kümmern konnte, schickte sie mich in die Obhut dieser Erziehungsanstalt für höhere Töchter.

Ohne großen Widerspruch ließ ich anfangs das Internatsleben über mich ergehen. Meine zunehmende Erfahrung mit dem Internatsbetrieb ließ jedoch meinen Widerwillen und meinen Willen zum Widerstand anwachsen. Insbesondere der tägliche Anstandsunterricht – Motto: Wie verlasse ich gebeugt und rückwärts gehend den Raum, ohne auf die Schnauze zu fallen – führte bei mir anfangs zu Lachanfällen, wurde aber auf die Dauer unerträglich. Gleiches galt für den Unterricht im Fach »Handarbeit und Basteln«.

Als wir dann auch noch gezwungen wurden, die Fernsehübertragung der für mich totlangweiligen Prozedur der Krönung der englischen Königin anzusehen, platzte mir der Kragen, und ich setzte meiner Mutter die Pistole auf die Brust: »Wenn du mich jetzt nicht hier rausholst, scheiße ich denen auf den Tisch!« Das war vielleicht ein wenig unfein für eine höhere Tochter, aber sehr wirksam.

Obwohl schon lange getrennt, hegten meine Mutter und mein Vater gemeinsam den Wunsch, dass ich das Gymnasium mit dem Abitur abschließen sollte, um danach Medizin zu studieren. Ich aber machte den beiden einen dicken Strich durch ihre Rechnung. Mein massiver Druck nervte meine Mutter dermaßen, dass sie schließlich nachgab und ich das Internat mit Abschluss Untersekunda verlassen konnte.

Lange vor diesem Schulabschluss war mir klar, dass ich einen künstlerischen Beruf ergreifen würde. Allerdings stand die Schauspielerei zunächst nicht auf meinem Plan. Alle Welt behauptete, dass ich prädestiniert sei für diesen Beruf. Schon allein die Familientradition spräche dafür, mich Theater und Film zu widmen. Je lauter diese Stimmen wurden, desto trotziger stellte ich mich dagegen. Also meldete ich mich mit Zustimmung meiner Mutter für die Aufnahmeprüfung an einer Münchner Kunstschule an.

Nachdem ich diese Prüfung ohne Mühen bestanden hatte, fühlte ich mich endlich auf dem richtigen Weg. Der einzige Wermutstropfen war die Intervention meiner geliebten Großmutter. Olga lebte in ihrem Haus in dem sehr nahe gelegenen Stadtteil Gräfelfing. Nachdem ich das Internat verlassen hatte, besuchte ich sie beinahe täglich. Wir sprachen viel über meine Interessen, Begabungen und über meine Zukunft. Meine Wahl, zur Kunstschule zu gehen, unterstützte Olga und freute sich mit mir über die bestandene Aufnahmeprüfung. Auch meine ersten Arbeiten gefielen ihr.

Doch dann sagte sie etwas, das mich sehr nachdenklich stimmte. Sie selbst war zwar als Bildhauerin ausgebildet, hatte aber die Fertigkeit nie zu ihrem Beruf gemacht. Sie begründete das – ich erinnere mich noch heute genau – mit den Worten: »Ich hatte festgestellt, dass ich ein begabter Di-

lettant war, recht gut, aber nicht gut genug!« Und dann sagte
sie: »Ich kann mich des Eindrucks nicht erwehren, dass es
bei dir genauso ist.«

PLÖTZLICH BIN ICH DIE TOCHTER VON HEINZ ERHARDT – MEIN BLITZSTART IN DIE FILMKARRIERE

Vielleicht war es ein Zufall – oder doch eine List meiner Mutter und meiner Großmutter –, dass gerade zu dieser Zeit meiner Zweifel, ob ich mit der Ausbildung an der Kunstschule die richtige Wahl getroffen hätte, mir über die Agentur meiner Mutter die Mitwirkung bei dem Film *Witwer mit fünf Töchtern* mit Heinz Erhardt in der Hauptrolle angeboten wurde. Mit Heinz Erhardt (!), dem komödiantischen Filmstar des westdeutschen Nachkriegskinos, der heute noch eine Kultfigur ist!

Meine Mutter und Olga rieten mir freundlich, aber bestimmt, das Angebot anzunehmen – frei nach dem Motto: »Du kannst dich ja immer noch gegen die Schauspielerei entscheiden, wenn es dir gar nicht gefällt. Aber versuche es doch erst einmal!«

Sie machten mir zugleich klar, dass ich ohne eine fundierte Ausbildung in diesem Beruf nicht erfolgreich arbeiten könne. Da die Dreharbeiten zu *Witwer mit fünf Töchtern* schon in etwas mehr als einem halben Jahr beginnen sollten, musste alles sehr schnell gehen. Tempo jedoch war ein

Spezialgebiet meiner Mutter, die auf der Stelle ihr großes Netzwerk aktivierte und mir Einzelunterricht vermittelte, sowohl bei Ernst Fritz Fürbringer, der neben seiner Arbeit als Schauspieler als Lehrbeauftragter der Münchner Otto-Falckenberg-Schule wirkte, als auch bei der renommierten Schauspiellehrerin Annemarie Hanschke, die von ihren Schülern »die Göttliche« genannt wurde.

Mit der Göttlichen vereinbarte meine Mutter, dass sie mich zu den Dreharbeiten begleiten und parallel zu meinen ersten praktischen Erfahrungen auch weiter unterrichten sollte. Damals ahnte ich noch nicht, wie schnell ich in diesem Beruf Fuß fassen würde. Denn im Nu stand ich, gerade mal siebzehn Jahre alt, mittendrin.

Eigentlich hatte ich gar keine Zeit, darüber nachzudenken, ob ich Schauspielerin werden wollte, denn die folgenden zehn Jahre waren eine Mischung aus praktischer Erfahrung und theoretischer Ausbildung, im ständigen Wechsel zwischen Film- und Theaterarbeit, ohne wirklich Luft holen zu können, geschweige denn, zu verschnaufen.

Mit Fug und Recht kann ich sagen, dass dieser Weg für mich der beste war, im Beruf schnell Erfolg zu haben und nicht als »begabter Dilettant« auf der Strecke zu bleiben. Diese sehr arbeitsreiche, aber auch fröhliche Zeit begann gleich mit dem Einzelunterricht bei der Göttlichen in München, bevor wir zum Dreh des *Witwers* gemeinsam nach Göttingen fuhren.

Hätte mich jemand damals gefragt »Was machen Sie in Ihrer Freizeit?«, wäre meine Antwort mit Sicherheit gewesen: »In welcher Freizeit, bitte schön?« In Göttingen war die Göttliche sofort bestens in das Fünf-Töchter-Team integriert. Sie konnte wie niemand sonst in dieser Zeit mit jungen Menschen umgehen. Am Morgen des Drehtags bereitete sie mich auf die bevorstehenden Szenen vor, um während der Drehpausen mit ihrem großen Humor das Team zu unterhalten. Besonders Angelika Meißner, mit der ich sofort Freundschaft schloss – wenige Jahre später avancierte sie neben Heidi Brühl zum großen *Immenhof*-Star –, war begeistert von der Göttlichen. Angelika war auch die Einzige, die Annemarie Hanschke und mich zu unserem sonntäglichen Essen – Obstsalat mit Sahne – im Ratskeller von Göttingen begleiten durfte.

Nebenher amtierte die Göttliche auch als meine Gouvernante – allerdings mit mäßigem Erfolg. Es gelang ihr in dieser Funktion eher schlecht als recht, Peter Vogel, der mich sehr mochte, von mir fernzuhalten. Peter war ein großartiger Theater- und Filmschauspieler, ein sehr gebildeter und liebenswerter Mensch mit einer tragischen Geschichte. Schon damals, er war gerade achtzehn oder neunzehn Jahre alt, mehrten sich erste Anzeichen einer schweren psychischen Erkrankung, die dazu führte, dass er sich 1978, mit einundvierzig Jahren, das Leben nahm. Ich mochte Peter sehr, aber er war schon, als ich ihn beim *Witwer* kennenlernte, erwachsener und viel ernster als wir anderen.

In einem weiteren Fall versagte die Göttliche ebenfalls. Sie konnte nicht verhindern, dass Angelika Meißner und ich hinter einem großen Busch eine starke filterlose Zigarette der Marke *Roth-Händle* probierten – vorerst die letzte, denn hinterher war uns speiübel.

Heinz Erhardt erlebte ich als einen harten, konzentrierten Arbeiter, dabei sehr einfühlsam und äußerst liebenswert. Ich werde nie vergessen, wie ich in den üblichen Wartezeiten bei den Dreharbeiten, nachdem ich den Aufnahmeleiter informiert hatte, in das nahe gelegene Rapsfeld tobte. Wenn der nächste Dreh anstand, kam Heinz Erhardt an den Rand des Feldes und rief lachend: »Komm jetzt, Steppenpferdchen, wir müssen ein bisschen arbeiten!«

Bemerkenswert war auch die abgewetzte Aktentasche, die Heinz Erhardt stets unterm Arm trug, wenn er an den Set kam. In den Drehpausen nahm er sie wieder in die Hand, um eilig in seine Garderobe zu marschieren. Neugierig, was er wohl in der Pause so trieb, fragte ich ihn, worauf er sagte: »Da schreibe ich immer!«

Was er wohl geschrieben hat? Vielleicht noch 'n Gedicht wie diesen zeitlosen Klassiker:

»*Hinter eines Baumes Rinde*
wohnt die Made mit dem Kinde.
Sie ist Witwe, denn der Gatte,
den sie hatte, fiel vom Blatte.
Diente so auf diese Weise
einer Ameise als Speise.
Eines Morgens sprach die Made:
›Liebes Kind, ich sehe grade,
drüben gibt es frischen Kohl,
den ich hol. So leb denn wohl!
Halt, noch eins! Denk, was geschah,
geh nicht aus, denk an Papa!‹
Also sprach sie und entwich.
Made junior aber schlich
hinterdrein; und das war schlecht!
Denn schon kam ein bunter Specht
und verschlang die kleine fade
Made ohne Gnade. Schade!«

* * *

Mit dem Gefühl, schon immer eine Schauspielerin gewesen zu sein, war ich bestgelaunt von den Dreharbeiten aus Göttingen nach München zurückgekehrt. Dort erwartete mich schon das nächste Rollenangebot. Dieses Mal sollten mich die Dreharbeiten nach Wien führen. *Noch minderjährig* lautete der Titel des Films, Regie: Georg Tressler, der im Jahr zuvor mit dem Film *Die Halbstarken* große Erfolge gefeiert hatte.

Doch das herausragende Erlebnis für mich bei dieser Arbeit war, an der Seite der berühmten österreichischen Theater- und Filmschauspielerin Paula Wessely vor der Kamera zu stehen. Noch gut erinnere ich mich daran, wie ich sie mit großen Augen bei der Arbeit beobachtete und dabei viele Impulse für meinen eigenen Weg als Schauspielerin gewann.

Die vielen Details einer Rolle aufzunehmen und sie unmittelbar im Spiel lebendig werden zu lassen – das ist es, was eine große Schauspielerin auszeichnet. Ein anschauliches Beispiel: Im Film *Noch minderjährig* spielte Paula Wessely eine Sozialarbeiterin, die mit jedem Pfennig rechnen musste. In einer Szene saß sie an ihrem Schreibtisch und packte aus einem Papier ein Brot aus. Genüsslich aß sie das Brot und immer, wenn ein Brotkrümel auf den Tisch fiel, nahm sie ihn mit dem Finger auf und steckte den Krümel in den Mund. Das wiederholte sie mehrfach, bis sie ihre Mahlzeit beendet hatte. Dann strich sie das Butterbrotpapier wieder glatt, faltete es sorgsam zusammen und steckte es in ihre Aktentasche.

Dieses »Learning by Viewing« habe ich während meiner

gesamten Karriere betrieben, vor allem immer dann, wenn ich am Theater oder im Film mit den Großen zusammenarbeiten konnte. Aber auch die Regie- und Kameraarbeit beobachtete ich intensiv. Schon früh bezeichnete ich mich selbst als einen hoch bezahlten Regieassistenten.

Zwei Besonderheiten Wiens sind mir seit *Noch minderjährig* besonders im Gedächtnis geblieben und haben sich bei meinen vielen Besuchen in Wien stets bestätigt. Zum einen die ausgezeichnete Gastronomie. Schon bei meinem ersten Aufenthalt ging ich nach den Dreharbeiten jeden Abend in mein Stammlokal und aß Marillenknödel.

Bei der anderen Wiener Spezialität handelt es sich um eine weniger feine Ausprägung der Wiener Kultur. Nicht umsonst sang Georg Kreisler einst: »Wie schön wäre Wien ohne Wiener.« Es war die Scheinheiligkeit im Verhalten anderen gegenüber, die mir immer wieder aufstieß. Am Beispiel des Maskenbildners Waliszek wird dies besonders deutlich. War Paula Wessely zugegen, hieß es »Gnä' Frau« hier, »Gnä' Frau« da. Kaum aber war sie aus der Tür, sagte er zu mir: »Jetzt ist sie endlich gange, die alte Tschuschen!«

Zur publicityträchtigen Vermarktung des Films musste ich durchs ganze Land reisen, von Stadt zu Stadt, um nach der Pressevorführung in den Kinos Rede und Antwort zu stehen und jede Menge Autogramme zu schreiben. Wir nannten das »Verbeugungstour«.

Üblicherweise werden dabei auch kleine Geschenke, Blumen oder offizielle Bildbände zum Ruhme der jeweiligen Stadt überreicht. Ein äußerst ungewöhnliches Präsent erhielt ich vom Bürgermeister der Stadt Iserlohn: Er überreichte mir einen Korb, in dem ein junger Rauhaardackel lag. Was sollte ich tun? Auf keinen Fall das Tier zurückgeben, das wäre ein

Affront gewesen. Also nahm ich den kleinen Kerl mit auf meine Verbeugungsreise.

Die wurde für mich allerdings von da an ein teurer Spaß, denn der kleine Dackel fand ein großes Vergnügen daran, die Kissen und Laken der Hotelbetten zu zerfetzen – nicht nur einmal, sondern in nahezu jedem Hotel, in dem ich auf der langen Reise übernachtete.

Als ich endlich wieder zu Hause in München war, übergab ich das Tier mit einem Seufzer der Erleichterung meiner Großmutter. Der aufsässige Dackel blieb bis ins hohe Hundealter bei Olga und beide kamen sehr gut miteinander zurecht. Ob er auch an ihre Kissen Pfoten und Schnauze angelegt hat, habe ich nie erfahren.

* * *

Nach meiner Rückkehr aus Österreich war Italien an der Reihe. Ich musste nach Rom zu den Dreharbeiten des Films *Marietto, Camilla e Padre'terno (Ballerina e Buon Dio)* mit Vittorio De Sica in der Hauptrolle, der auch als Regisseur des italienischen Neorealismus weltberühmt war *(Fahrraddiebe, Der Garten der Finzi Contini)*. Der deutsche Co-Produzent der italienischen Produktionsfirma hatte mich vorgeschlagen. Es war für mich ein wunderbares Erlebnis, neben diesem weltberühmten Italiener zu arbeiten. Auch ihn beobachtete ich natürlich ganz genau, um ihm etwas abzuschauen.

Außerdem partizipierte ich indirekt an seinem Ruhm. Unweit des Studios Cinecittà, in dem die Dreharbeiten stattfanden, blühte die Straßenprostitution Roms. Täglich passierten wir, der Fahrer von Vittorio De Sica und mir, zwangsläufig diese »Straße der Sünde«. Nie werde ich die Jubelrufe der Dirnen – »Vittorio, Vittorio!« – vergessen, die dort in einem nicht enden wollenden Spalier standen. Das nennt man wohl echte Volksnähe.

DIE EWIGE LEGENDE
VON VERA UND ELVIS

Nach der Rückkehr aus Italien blieben mir bis auf ein paar Theaterauftritte glücklicherweise zwei Monate, um ein wenig durchzuatmen. Zu dieser Zeit gab es dennoch ein paar turbulente Tage, deren Auslöser eine »historische« Begegnung war, die bis heute in den Medien als einer der absoluten Höhepunkte in meinem Leben dargestellt wird.

Das gilt nicht nur für die Boulevardzeitungen und die Yellow Press, sondern für alle, von der seriösen Qualitätspresse bis zum öffentlich-rechtlichen Fernsehen. So auch für meinen lieben Freund, den leider schon verstorbenen Michael Jürgs, ehemals Chefredakteur von *Stern* und *Tempo*, der mich als Erstes fragte: »Wie war das damals mit Elvis? Erzähl mal!«

Selbst heute, einen Tag vor Heiligabend des Jahres 2021, da ich dieses niederschreibe, erhalte ich eine Mail von zwei britischen Dokumentarfilmern mit der Bitte um ein Gespräch über Elvis Presley. Meine Antwort lautete: »I'm not available. I'm fed up with talking about Elvis!«

Seit mehr als sechzig Jahren stand meine Begegnung mit

Elvis Presley im Mittelpunkt beinahe aller Interviews. Einzige Ausnahme war ein Gespräch zu meinem achtzigsten Geburtstag mit der RBB-Redakteurin Petra Gute. Sie erwähnte die Begegnung mit keinem Wort und ließ mir stattdessen viel Raum, um über Dinge zu berichten, die für mich in meinem Leben wirklich wichtig waren.

Sagen wir es direkt: Die gesamte Begebenheit war für mich viel Lärm um nichts! Mein vom Ruhrgebiet und Niederrhein geprägter Mann Peter würde sagen:»Das ist mir so was von am Arsch vorbeigegangen!«

Hier die ungeschminkte historische Wahrheit: Die Geschichte begann Anfang 1959 mit einer Bitte von Toni Netzle. Toni, die 1960 das berühmte Schwabinger Lokal»Alter Simpl« in der Münchner Türkenstraße übernehmen sollte, war zu dieser Zeit Agentin der Schallplattenfirma Polydor. In dieser Funktion bat sie mich, an einem Fotoshooting mit Elvis Presley in Bad Nauheim teilzunehmen, der damals schon ein Weltstar war – der allseits umschwärmte, hüftschwingende»King of Rock 'n' Roll«.

Elvis absolvierte zu dieser Zeit seinen Militärdienst bei der U. S. Army in Deutschland. Meine Mutter und ich kannten ihn zwar, hatten aber überhaupt kein Verständnis für den Hype um seine Person. Wäre er ein Jazzmusiker gewesen, zum Beispiel Miles Davis oder Dave Brubeck, hätte ich sofort mit Freuden zugesagt, weil ich schon damals ein großer Jazzfan war.

Die Begegnung mit Elvis Presley sagte ich – in Abstimmung mit meiner Mutter – nur unter der Bedingung zu, dass ich gleich nach der Fotosession wieder nach München zurückfahren kann. An einem Tag im März 1959 fuhr ich also mit dem Zug ins hessische Bad Nauheim. Der formelle Anlass des Shootings war übrigens die Patenschaft Elvis Presleys für ein krankes Kind.

Ein höflicher Mensch mit guten Manieren – das war der erste Eindruck, den ich von Elvis hatte. Einzig seine beiden stumpfgesichtigen Bodyguards – Marke breite Schultern, kleiner Kopf mit fliehender Stirn –, die in einer Ecke herumblödelten, gingen mir ein wenig auf die Nerven. Dennoch war ich froh, als ich die riesige Ansammlung von Fotografen verlassen konnte, um nach Hause zu fahren. Ich verabschiedete mich herzlich von Elvis Presley, ohne einen Gedanken daran zu verschwenden, geschweige denn einen Wunsch zu hegen, ihn wiedersehen zu wollen. Damit war das Thema für mich erledigt.

Einige Tage nach meiner Rückkehr spielte ich im Theater Unter den Arkaden, einem kleinen Kellertheater in München, das längst nicht mehr existiert. Als ich dort am Abend eintraf, kam mir eine Kollegin entgegen und rief ganz aufgeregt:»Das Theater ist komplett ausverkauft, aber es sind nur drei Leute da!«

Die drei – das waren Elvis Presley und seine beiden Bodyguards. Vor diesen drei Zuschauern, die sich, wie es sich im Theater ja wohl gehört, in ihre Sitze geflegelt hatten, die Beine natürlich über die Vordersitze gelegt, spielten wir dann das Stück. Es hieß»Der Verführer«.

Nach der Vorstellung kam Herr Presley zu mir, begrüßte mich wie immer höflich und lud mich ein, ihn in eine Nachtbar zu begleiten. Unter der Bedingung, dass meine Mutter, die ich sofort anrief, und Toni Netzle uns begleiten sollten, willigte ich ein.

Die Nachtbar hieß»Moulin Rouge« und war, sehr zur Freude der drei Herren aus Bad Nauheim, eher eine Nacktbar. Während Elvis artig neben mir saß, umgarnten seine Gorillas die Stripteasetänzerinnen. Für mich wurde es zunehmend langweilig und nach einer knappen Stunde rief ich meine Mutter und Toni zum Aufbruch. Ich hatte allerdings den Eindruck, dass unser Weggang den drei Herren gar nicht ungelegen kam, da sie sich nun ganz den tanzenden Damen widmen konnten. Das taten sie dann wohl.

Am nächsten Morgen klingelte es bei uns im Haus. Nachdem meine Mutter die Tür geöffnet hatte, kam sie zu mir und sagte:»Herr Presley bittet um Einlass, geh mal zu Tür!« Da stand er wieder mit seinen beiden Gorillas, fragte höflich, ob er eintreten dürfe, und so konnte die nächste Runde der PR-Show beginnen. Meine Mutter und ich hatten längst die Vermutung, dass die gewiefte Toni hinter all dem steckt.

Nachdem ich die Herren hereingebeten hatte, übernahm meine Mutter und beauftragte als gute Gastgeberin unsere liebe Haushälterin Gemma damit, Zutaten für ein American Breakfast einzukaufen. Gemma besorgte alles im Eiltempo und bereitete dann ebenso flott dreimal *scrambled eggs & bacon* zu. Anschließend sollten wir zu einem Fotoshooting an einigen Plätzen in München und Umgebung aufbrechen, was sich allerdings verzögerte, denn eine große Menschentraube von mindestens fünfzig Personen stand vor unserem Haus und bekundete lautstark ihre Begeisterung für den King of Rock 'n' Roll.

Nachdem Gemma die Fans ein wenig beruhigen konnte, ging sie auf Elvis zu und sprach:»Herr Elvis, haben Sie Autogrammkarten dabei?« Ich übersetzte, Elvis bejahte und einer seiner Gorillas legte einen ganzen Stapel davon auf den Tisch. Daraufhin sagte Gemma:»Herr Elvis, schreiben Sie bitte Ihren Namen auf diesen Zettel!«

Elvis' Namenszug diente dann als Vorlage für Gemma, die im Akkord Autogrammkarten signierte. Ein Sinn fürs Praktische war ihr stets zu eigen. Kurz darauf konnten wir aus dem Fenster beobachten, wie Gemma zu den wartenden Fans ging und munter Autogrammkarten, »persönlich gezeichnet von Elvis Presley«, verteilte. So löste sich der Fantrubel sehr bald auf und wir konnten unsere Shooting-Tour antreten.

Am späten Nachmittag kehrten wir zu unserem Haus zurück und Elvis Presley bewies bei der Verabschiedung, wie in all unseren Begegnungen, noch einmal seine guten Manieren. Er und seine Bodyguards winkten uns ein letztes Mal zu, bevor sie von dannen zogen. Ich habe nie wieder etwas von ihm gehört. Er übrigens auch nicht von mir.

An der mit vielen schönen Fotos unterlegten Medienlegende von meinem spektakulären Rendezvous mit Elvis hat das natürlich nichts geändert.

* * *

Nach dem Film mit Vittorio De Sica bekam ich erneut die Gelegenheit, mit einem der Großen unserer Zunft zusammenzuarbeiten. In *Das Mädchen mit den Katzenaugen* stand ich mit dem wunderbaren Gert Fröbe, der meinen Vater spielte, vor der Kamera. Fröbe war einer der bedeutendsten deutschen Charakterschauspieler des 20. Jahrhunderts, ob in der Dürrenmatt-Verfilmung *Es geschah am helllichten Tag* neben Heinz Rühmann, in dem fantastischen Kinospektakel *Die tollkühnen Männer in ihren fliegenden Kisten* oder im dritten James-Bond-Film *Goldfinger*, in dem er den Bösewicht verkörperte.

Im Gegensatz zu allen anderen führte Fröbe am Set statt des Drehbuchs ein Schulheft mit sich. »Wo ist denn dein Drehbuch?«, fragte ich ihn neugierig. Anstatt zu antworten, zeigte Fröbe auf sein Schulheft: »In dieses Heftchen trage ich mir mit Bleistift meine Rolle ein. So mache ich mir den Text zu eigen!« Ich staunte nicht schlecht und dachte: Wieder was dazugelernt!

Mittags gab es beim Catering für alle häufig gegrilltes Huhn. Weil ich bei der Arbeit nie viel esse, blieb mein Hähnchen stets übrig. Fröbe fragte mich: »Isst du das nicht?« Als ich verneinte, sagte er freudig: »Dann nehme ich es mit und werde es abends im Hotel essen.« Kaltes Huhn ist nicht unbedingt ein kulinarisches Erlebnis, aber so kann man auch als Filmstar sparen.

* * *

Es ging weiter Schlag auf Schlag – nun kam schon der siebte Film in nicht einmal zwei Jahren. Bei den Dreharbeiten zur Konsalik-Verfilmung *Der Arzt von Stalingrad* (1958) lernte ich den damals noch unbekannten jungen Mario Adorf kennen, der bis zur Erschöpfung Liegestütze machte, um sich authentisch außer Puste vor die Kamera zu schleppen.

Danach kam gleich die nächste große Bewährungsprobe, denn meine ersten Theaterarbeiten standen an, noch dazu unter der Regie des hochverehrten Rudolf Noelte: *Der grüne Kakadu* von Arthur Schnitzler und *Der Kammersänger* von Frank Wedekind. Zu jener Zeit nahm ich in Berlin bei der angesehenen Lehrerin Marlise Ludwig Schauspielunterricht und es begann eine Freundschaft, die bis heute Bestand hat.

Cornelia Froboess war zur selben Zeit da. Auch wir mochten uns auf Anhieb.

Voller Stolz bezog ich damals auch meine erste eigene Wohnung in Berlin, in der Charlottenburger Nestorstraße. Schöne Erinnerungen verbinden mich noch heute mit meinem ersten Domizil. Deutlich weniger erfreulich verliefen meine Begegnungen mit dem Kollegen Klaus Kinski, der damals schon berühmt war, aber, salopp gesagt, auch zu dieser frühen Zeit bereits eine Macke hatte. Nicht nur, dass er regelmäßig vor meiner Tür herumlungerte, um mich zu bedrängen, ihn in einer russischen Kirche zu heiraten – geradezu gemeingefährlich waren seine physischen Attacken auf der Bühne, nachdem ich ihn abgewiesen hatte.

In einer Szene des Stücks von Arthur Schnitzler saß er auf einem Stuhl und ich hockte vor ihm auf der Bühne. Kinski musste in seiner Rolle die Hände um meinen Hals legen. Das tat er dann auch, allerdings drückte er in einer Probe derart fest zu, dass mir übel wurde.

Als Regisseur Noelte das mitgekriegt hatte, rief er alle Schauspieler auf die Bühne und nahm sich Kinski mit den Worten zur Brust: »Kinski, wenn Sie das noch einmal machen, sind Sie so schnell hier raus, wie sie hier reingekommen sind!« Das saß und Kinski versuchte nie wieder, seine kranken Allüren an mir auszutoben.

* * *

Als der Schleier fiel hieß der nächste Film. Bei den Dreharbeiten traf ich meine erste große Liebe, die allerdings nach kurzer Zeit in einer großen Enttäuschung endete. Hartmut Reck, der großartige Brecht-Schauspieler, faszinierte mich auf Anhieb. Durch ihn fand ich Zugang zur Welt des Bertolt Brecht, der wenige Jahre zuvor verstorben war und mit dem Berliner Ensemble an seinem Theater am Schiffbauerdamm eine weltberühmte Institution der Schauspielkunst geschaffen hatte.

Hartmut war damals einer der Protagonisten des Ensembles. Durch ihn lernte ich unter anderen seinen Kollegen Heinz Schubert kennen, der Jahre später als »Ekel Alfred« in der satirischen Fernsehserie »Ein Herz und eine Seele« größte Popularität erringen sollte. Das wunderbarste »Resultat« meiner Beziehung mit Hartmut aber war mein Sohn Nikolaus.

Leider war Hartmut dem Alkohol allzu sehr zugetan. Immer wieder wurde er ausfallend und aggressiv, sodass ich fluchtartig und auf Nimmerwiedersehen unsere gemeinsame Wohnung verließ.

Als Nikolaus im Anmarsch, aber noch nicht auf der Welt war, musste ich mich schon wieder der nächsten schauspielerischen Herausforderung stellen. Der Film *Das Brot der frühen Jahre* war sicherlich eine der wichtigsten Stationen meiner Karriere, aber auch in meinem Leben. Und das nicht nur, weil die Verfilmung von Heinrich Bölls Roman den Anfang des Neuen Deutschen Films von Fassbinder, Herzog und Kluge markierte, übrigens sehr zum Ärger der damals etablierten deutschen Produzentengarde von »Luggi« Waldleitner und Co., die mir prophezeiten, nie mehr eine Rolle angeboten zu bekommen.

Die Rachegelüste der Herren kamen nicht von ungefähr, denn sie waren die Adressaten der Kampfansage »Opas Kino ist tot!«, die damals weite Kreise zog. Ausgelöst hatte die kleine Revolution das sogenannte *Oberhausener Manifest*, eine Erklärung, die im Februar 1962 von sechsundzwanzig Filmemachern unterzeichnet wurde, darunter auch Regisseur, Produzent, Kameramann und Hauptdarsteller des Films *Das Brot der frühen Jahre*, der wenige Monate später, im Mai 1962, in die Kinos kam. Ich selbst habe das Manifest nicht unterzeichnet, wurde aber als Hauptdarstellerin von den »Opas« in Sippenhaft genommen.

Natürlich war auch die Auszeichnung mit dem Deutschen Filmpreis für meine Rolle der jungen Frau Ulla Wickweber ein unvergesslicher Moment. Besonders in Erinnerung geblieben aber ist mir die harmonische, dabei höchst professionelle Zusammenarbeit des gesamten Teams. Wir mochten uns einfach. Christian Doermer, der die männliche Hauptrolle spielte, Herbert Vesely, der Regisseur, Wolf Wirth, der Kameramann, Hans Jürgen Pohland als Produzent und viele andere mehr – wir waren eine wahrhaft verschworene Gemeinschaft auf Zeit.

Ein besonderes Geschenk kam noch hinzu. Mit dem fertigen Film fuhren wir als Erstes nach Köln zu Heinrich Böll und seiner Frau Annemarie: zwei sehr kluge, sehr bescheidene und sehr herzliche Menschen, die mich tief beeindruckten.

* * *

Dann war es endlich so weit: Unter ärztlicher Rundumbetreuung durch meinen Vater brachte ich meinen Sohn Nikolaus zur Welt. Sein allererster Spitzname war jedoch nicht »Nick«, sondern »der Japaner«, kreativ umbenannt von unserem Freund, dem Regisseur und Schauspieler Johannes Schaaf. Den kleinen Nick zierte nämlich ganz früh pechschwarzes Haar und, passend dazu, eine leichte Schrägstellung der Augen. Meine Mutter, meine Großmutter und ich nahmen die Anregung von Johannes dankbar auf und nannten meinen Sohn fortan »Pani«.

GUSTAF GRÜNDGENS RÜGT MICH SCHARF: »EINE TSCHECHOWA KOMMT NICHT ZU SPÄT!«

Nach Nicks Geburt blieb mir allerdings wenig Zeit für das private Leben. Schon nach einem halben Jahr brach ich wieder auf, um ein weiteres Theaterengagement anzutreten. Hamburg war mein Ziel, die zu dieser Zeit neben dem Burgtheater in Wien bedeutendste deutschsprachige Bühne: das Deutsche Schauspielhaus mit seinem Intendanten Gustaf Gründgens, der schon in den Dreißigerjahren durch seine Paraderollen von Goethes »Mephisto« und Shakespeares »Hamlet« eine Legende geworden war.

Ich war sehr aufgeregt und konnte es kaum erwarten, mit Berühmtheiten wie Gründgens und seinen Ensemblemitgliedern Elisabeth Flickenschildt, Will Quadflieg, Ullrich Haupt, Erni Mangold und Heinz Reincke zusammenzutreffen. Voller Ehrfurcht und einer gehörigen Portion »Schiss« fuhr ich in den Norden, diesmal jedoch in Begleitung, denn mein Sohn und sein Kindermädchen Rosi aus Rosenheim fuhren mit. In Hamburg wurde ich wunderbar aufgenommen, vor allem von Elisabeth Flickenschildt, die mich Küken liebevoll unter ihre Fittiche nahm und all die auch an einem solch renommierten Theater üblichen Intrigen erst gar nicht an mich herankommen ließ.

Die gleiche Zuneigung und beinahe mütterliche Umsorgung erfuhr ich von Carola von Wischnewski, die das künstlerische Betriebsbüro des Deutschen Schauspielhauses leitete. Damals begann eine tiefe Freundschaft, die uns bis zu ihrem Tod verband. Carola war übrigens die einzige Person, die wirklich Zugang zu Gründgens hatte. Allen anderen gegenüber blieb er verschlossen. Er hatte eine Mauer um sich herum gebaut. Wir Schauspieler sahen ihn höchst selten und ich glaube, er war ein sehr einsamer Mann. Carola erzählte mir einmal, wie er sie an Heiligabend anrief, um über das an solchen Tagen Übliche – »Wie geht es Ihnen? Was machen Sie an den Festtagen?« – zu plaudern. Purer Smalltalk also, der ihm sonst höchst zuwider war.

Das Stück, in dem ich in Hamburg neben dem großartigen Ullrich Haupt in der Hauptrolle spielte, war »Don Juan und die Liebe zur Geometrie« von Max Frisch. Die anfängliche Unsicherheit legte sich recht schnell und ich fühlte mich sehr wohl in der neuen Umgebung. Ein Ereignis jedoch führte mich, wenn auch nur kurz, in die anfängliche Aufgeregtheit zurück. Zu einer der Vorstellungen kam ich zwar pünktlich, aber abgehetzt, sozusagen mit heraushängender Zunge, in letzter Minute. Die Ursache war ein defekter Fahrstuhl, in dem ich stecken geblieben war. Nach der Vorstellung musste ich zu Gründgens, zum Rapport beim »Chef«. Ich entschuldigte mich artig und erklärte den Grund meines Beinahezuspätkommens. Gründgens aber sagte nur, ohne mich anzusehen, nicht wirklich streng, aber apodiktisch: »Eine Tschechowa kommt nicht zu spät!«

* * *

In den folgenden Jahren reihte sich eine Arbeit an die nächste. Die wenigsten dieser Theater- und Filmprojekte sind mir in besonderer Erinnerung geblieben. Einige jedoch werde ich nie vergessen, denn ich hatte dort das unverschämte Glück, großartige Künstler kennenzulernen, großartig nicht nur in ihrem Fach, sondern auch in ihrem Menschsein, hochanständig und bescheiden, so wie der bedeutende Regisseur Hans Lietzau, mit dem ich in der Aufführung des Theaterstücks »Die Chinesische Mauer« von Max Frisch in Bad Hersfeld zusammenarbeiten konnte. Auch die Begegnung mit dem Regisseur des Burgtheaters, Dietrich Haugk, war beeindruckend, der meinen einzigen »Tschechow« inszenierte – die Verfilmung der Kurzgeschichte meines Urgroßonkels Anton Tschechow »Gerechtigkeit in Worowogorsk«.

Der absolute Höhepunkt in Hamburg war für mich meine Mitwirkung bei der Verfilmung zu Maxim Gorkis *Wassa Schelesnowa* unter der Regie von Egon Monk, mit Therese Giehse in der Hauptrolle. Sie war die Tochter eines jüdischen Kaufmannsehepaars – und einst Lebensgefährtin von Erika Mann, der Tochter Thomas Manns –, floh aus Nazideutschland und wurde nach dem Krieg zu einem Star an Bertolt Brechts Berliner Ensemble. Zunächst traute ich mich nicht einmal, sie überhaupt anzusprechen. Doch sie selbst war es, die mich sofort in ihrer besonnenen, warmherzigen Art unter die Fittiche nahm, mir Selbstbewusstsein einflößte und half, meine Scheu vor ihrem großen Namen abzulegen. Therese Giehse war prägend für mein Leben.

Nach den Dreharbeiten zu *Wassa Schelesnova* haben wir uns in München häufig getroffen und lange Gespräche geführt. Ich empfand es als einen Ritterschlag, als sie mir in Hamburg sagte, ich möge sie in ihrer Wohnung in der Wurzerstraße gegenüber den Münchner Kammerspielen doch einmal besuchen. Ihre klugen und präzisen Ratschläge werde ich nie vergessen: »Junge Kollegin, trau dich mal. Du musst dich nur trau'n.« Oder: »Junge Kollegin, setz dich in ein Café, beobachte die Leute und dann spiele sie nach. So lernst du am besten.« Aber auch: »Junge Kollegin, du bist klein und schlank. Um dein schauspielerisches Spektrum zu erweitern, musst du Große und Dicke spielen.« Und noch einen Leitsatz gab sie mir auf den Weg: »Spar dir deinen Atem, um die Suppe zu kühlen!«

* * *

Es war damals eine arbeitsreiche, aber auch unbeschwerte Zeit für mich. Ich war zwar alleinerziehend, da ich jeglichen Kontakt zum Vater des Kindes abgebrochen hatte und ihm auch den Zugang zu Nick untersagte, andererseits unterstützten mich meine Mutter und meine Großmutter, wo sie konnten. Flankiert wurden die beiden seit Mitte der Fünfzigerjahre von unserem guten Hausgeist Gemma Larisch, die uns über drei Generationen hinweg begleiten sollte. Gemma war nicht nur Haushälterin, Kindermädchen und Erzieherin, sondern von Beginn an auch meine Vertraute und Freundin. Diese Frauenwohngemeinschaft machte mir großen Spaß und so genoss ich mein Leben voller kleiner und großer Freuden.

Selbst ein kleines Missgeschick, das meiner Mutter, meiner Großmutter und mir bei einem öffentlichen Auftritt widerfuhr, brachte uns im Nachhinein nur immer wieder zum

Lachen. Es geschah auf der Weihnachtsveranstaltung des Circus Krone. Wir drei saßen bei unserem Auftritt hoch zu Ross und ritten auf dem Rücken eines Pferdes zu dritt in die Manege ein. Die erste Runde verlief ohne Zwischenfälle. Doch dann wurde es dem Rappen zu bunt und er warf uns ab, sodass wir drei hintereinander in das reichlich ausgestreute Sägemehl plumpsten.

Sofort übernahm Olga das Kommando, um diese Panne in einen glorreichen Auftritt zu verwandeln. Noch im Liegen flüsterte sie uns zu: »Wir machen jetzt alle gleichzeitig einen Knicks und rufen hepp!« Die Aktion war ein voller Erfolg. Seitdem nannte man uns in München »Die drei Codonas« – nach dem gleichnamigen Film aus dem Jahr 1940 über eine Zirkus- und Trapezkünstlertruppe, die auch nicht immer unfallfrei agiert hatte.

Mein Leben mit meiner Großmutter Olga, der obersten Codona, verlief stets harmonisch – wir waren gelegentlich unterschiedlicher Meinung, aber wir stritten nie. Im Gegensatz dazu musste ich mit der mittleren Codona so manchen Strauß ausfechten. Doch je erwachsener ich wurde, desto »vernünftiger« wurde meine Mutter. Der Tiefpunkt unserer Beziehung war die Zeit, in der sie mich ins Internat steckte und ich die Welt nicht mehr verstand. Danach entspannte sich unser Verhältnis zusehends und wurde so eng, dass kein Blatt Papier zwischen uns passte.

Meine Mutter hatte aus dem Nichts eine höchst erfolgreiche Künstleragentur aufgebaut. Enorme Willensstärke und Geschäftstüchtigkeit waren ihre Markenzeichen. Sie war eine höchst effektive Netzwerkerin und konnte, wenn es sein musste, durch die Wand gehen. Das kam auch mir zugute, wenn sie mich als junge Schauspielerin betreute. Für mich entscheidend aber waren ihre einfühlende, liebevolle Art und ihr unglaublicher Humor. Schon zu Beginn meiner beruflichen Karriere wurde sie zu meiner engsten Vertrauten und Freundin, anders wiederum als die Freundschaft zu Olga, die gleichsam meine älteste engste Freundin war. Die Freundschaft mit meiner Mutter war eine Freundschaft unter gefühlt Gleichaltrigen.

Das Geschäftliche vom Privaten zu trennen, wenn es denn sein musste, war auch eine Stärke meiner Mutter. Sie wurde nie das, was man eine »Schlittschuhmutter« nennt. Stets ließ sie mir beruflich genügend Freiraum für eigene Entscheidungen. In den ganz seltenen Fällen, bei denen ich den Eindruck hatte, eine Grenze ziehen zu müssen, habe ich mehr als nur den Finger erhoben. Auch ich kann, wenn es sein muss, durch die Wand gehen!

Eine Eigenschaft meiner Mutter aber nahm mich immer wieder sehr für sie ein: ihre Neigung, Blödsinn zu machen. Der große Theaterschauspieler Norbert Kappen, ihr letzter Lebensgefährte, sagte einmal zu mir: »Deine Mutter ist ein Clown!«

Ein besonders skurriles Beispiel bringt mich bis heute zum Lachen, sodass ich meine Mutter immer wieder in Gedanken umarme. Nachdem ich meine Berliner Wohnung in der Nestorstraße aufgegeben hatte, wohnte ich bei meinen vielen beruflichen Reisen in die Stadt in der Pension »Chez Ira« am Kurfürstendamm. Einmal besuchte mich dort meine Mutter und blieb für eine Nacht. In dem großen Bett meines sehr großen Zimmers war Platz für zwei und so legten wir uns am Abend gemeinsam zur Ruhe und bewunderten den Stuck, der hoch über uns an der Decke thronte.

Ich sagte: »Mami, dieser Stuck ist schon sehr beeindruckend!« Worauf meine Mutter antwortete:»Du hast recht, aber da fehlt was, und das werden wir jetzt ändern, denn die Brustwarzen der Dame da oben brauchen einen roten Anstrich! Du bist die Jüngere und ich helfe dir, auf den Schrank zu steigen.« Dabei drückte sie mir ein Fläschchen mit rotem Nagellack in die Hand, half mir mit einer Räuberleiter beim Aufstieg und im Nu stand ich in schwindelnder Höhe und bemalte die Brüste der Stuckdame. Nach Vollendung des Meisterwerks kletterte ich mithilfe meiner Mutter wieder auf sicheren Boden und wir gingen beide zufrieden ins Bett, um das vervollständigte, heute würde man vielleicht sagen: gentrifizierte Kunstwerk zu bewundern.»Jetzt ist es perfekt«, sagte meine Mutter, legte sich auf die Seite und schlief ein.

* * *

»Des Lebens ungetrübte Freude ward keinem Irdischen zuteil«, heißt es in»Der Ring des Polykrates« von Schiller. So geschah es auch mir, denn bald danach traf mich der bis heute größte Tiefschlag meines Lebens, nicht nur, weil er im wahrsten Sinne des Wortes aus völlig heiterem Himmel kam: Meine Mutter Ada wurde mir durch einen Flugzeugabsturz für immer entrissen.

Diese fürchterliche Erschütterung versuche ich bis heute wegzuschieben. Wirklich gelungen ist mir das nicht. Dennoch oder gerade deswegen möchte ich darauf nicht weiter eingehen. Nur so viel: Es war ein furchtbarer Schlag für meine Großmutter ebenso wie für mich und wir beide rückten in unserer sehr tiefen Verbindung noch näher zusammen.

»ICH HABE MICH SEHR IN SIE VERLIEBT!«, SAGT VADIM GLOWNA IM LONDONER HYDE PARK

Noch 1965 hatte meine Mutter für mich ein Engagement am Staatstheater Braunschweig ausgehandelt. Intendant war dort Hellmuth Matiasek, der spätere Ehemann meiner Freundin Cornelia Froboess. Ich versuchte zwar, nach dem Tod meiner Mutter die Vereinbarung zu kündigen, doch Matiasek bestand auf Vertragserfüllung. Letztlich bin ich ihm dankbar dafür. Die Zusammenarbeit mit ihm und den Kollegen war sehr inspirierend und half mir dabei, meine Trauer ein wenig beiseitezurücken und wieder mehr in die Zukunft zu blicken.

Und tatsächlich, die Gunst des Schicksals wandte sich mir bald wieder zu – in Gestalt von Vadim Glowna. Während der Theaterferien im Spätsommer 1966 musste ich zu Dreharbeiten nach Berlin. Bevor ich jedoch in »meine« Pension »Chez Ira« auf dem Kurfürstendamm gehen konnte, musste meine Freundin Carola, die mittlerweile vom Hamburger Schauspielhaus zum Sender Freies Berlin gewechselt war, kurzerhand intervenieren, damit ich das mir vertraute Zimmer beziehen konnte. Darin wohnte nämlich mein Schauspielerkollege Vadim Glowna, der ebenfalls zu Dreharbeiten in Berlin weilte.

Carola bat ihn, er möge freundlicherweise in ein anderes Zimmer wechseln. Vadim willigte sofort ein, fragte aber, ob er sich mit mir auf einen Kaffee treffen könnte. So kam es zu unserer ersten Begegnung, bei der mir gleich zu Beginn an Vadim etwas auffiel, das mich zum Schmunzeln brachte. Er trug ein mit Rüschen besetztes Jabot um seinen Hals und ich fragte ihn mit einem leicht ironischen Lächeln, was es denn mit diesem »Schmuckstück« auf sich habe. Vadim erklärte mir, dass er gerade aus London zurückgekommen sei, wo ein solches Jabot mittlerweile zum Stadtbild gehöre.

Nach diesem Auftakt saßen wir etwa eine Stunde zusammen und fragten uns aus. Vadim war mir auf Anhieb sympathisch. Er war leise, hatte viel Humor und verstand es darüber hinaus, gescheit zu erzählen. Als wir uns verabschiedeten, fragte er, ob er mich einmal in München besuchen dürfe. Ich willigte ein und war dennoch überrascht, als er mich gleich beim Wort nahm und schon wenige Tage später anrief, um seinen verabredeten Besuch anzukündigen.

Vadim stand pünktlich um 17 Uhr vor unserer Haustür und nach kurzer Begrüßung begannen wir, unser Gespräch von Berlin fortzusetzen. Gegen Mitternacht, also nach geschlagenen sieben Stunden, übermannte uns die Müdigkeit. Vadim übernachtete in unserem Gästezimmer und ich ging zu meiner Gemma, um zu fragen, ob mein Sohn Nick sich auch einigermaßen gut aufgeführt habe. Dann schaute ich schnell nach dem im Tiefschlaf liegenden Jungen, um schließlich in meinem Zimmer ins Bett zu fallen.

Am anderen Morgen verabschiedete sich Vadim und machte sich auf den Weg zu seinen Dreharbeiten, allerdings nicht ohne eine weitere Schlüsselfrage loszuwerden: Es seien ja noch Theaterferien und wir könnten doch in der kommenden Woche gemeinsam für ein paar Tage nach London fliegen. Er kenne sich in London bestens aus und könnte mir diese wunderbare Stadt in all ihren Facetten zeigen, zumal ich, wie er von unserem Gespräch wisse, bisher noch nie dort gewesen sei. Nicht nur aus diesem Grund willigte ich ein und so machten wir uns auf die Reise in die britische Hauptstadt, die ich danach immer wieder besuchte und die mir sehr ans Herz gewachsen ist.

Vadim und ich übernachteten in einem kleinen Hotel in Hampstead, wohnten anfangs in getrennten Zimmern und sprachen uns weiterhin mit Sie an. Das alles änderte sich während eines Spaziergangs im Hyde Park. Wir waren dort wieder einmal sehr in ein Gespräch vertieft, als Vadim plötzlich stehen blieb, mich ansah und sagte: »Ich habe mich sehr in Sie verliebt!« Von da an ging alles sehr schnell. Wir verzichteten auf das Sie in der Anrede, zogen in ein gemeinsames Zimmer in unserem Hotel, und das gewiss nicht aus Kostengründen.

Als wir nach Deutschland zurückkamen, gelang es uns trotz unserer jeweiligen Theaterengagements in Braunschweig und Bremen, uns so oft wie möglich zu sehen. Ein paar Hürden gab es dennoch zu überwinden, insbesondere die Beantwortung zweier Fragen: Wie sag ich es meiner Großmutter? Und wie sag ich es meinem Kinde?«

Wegen meiner Theaterengagements konnte ich diesen Moment für einige Zeit hinausschieben, doch im Frühjahr 1967 wurde es ernst. Vadim und ich saßen in unserem Garten in München nebeneinander auf Liegestühlen. Zwischen uns war gerade mal Platz für etwas mehr als eine Bohnenstange, doch mein Sohn Nick, damals gerade sechs Jahre alt, schaffte es immer wieder, sich mit seinem Kinderfahrrad zwischen uns zu drängen und unser Gespräch zu stören.

Vadim ergriff auf der Stelle die Initiative und widmete sich mit großer und aufrichtiger Hingabe meinem Sohn. Nick kapitulierte binnen Minuten und wechselte mit fliegenden Fahnen ins feindliche Lager. »Der ist mein Vater!«, resümierte Nick wenige Jahre später ein für alle Mal. Vadim erklärte, dass er ihn adoptieren wolle. Nick stimmte auf der Stelle zu.

Auch Olga konnte Vadim in einem Handstreich gewinnen und so wurde aus den drei Codonas eine Vierergemeinschaft mit Olga als Schutzpatronin im besten Sinn des Wortes.

Vadim und ich heirateten im Oktober 1967 in Bremen. Trauzeugen waren Carola von Wischnewski und Bruno Ganz, Vadims Freund und Schauspielkollege am Theater am Goetheplatz in Bremen. Wir feierten in kleinem Rahmen, aber mit großer Freude im Ratskeller von Bremen.

Die obligatorische Hochzeitsreise musste ausfallen, denn schon am nächsten Tag ging es für uns beide wieder an die Arbeit. Während Vadim in Bremen in der Aufführung von *Frühlingserwachen* auf der Bühne stand, musste ich schon in der Hochzeitsnacht im Schlafwagen zu Theaterproben nach Wien für das Stück »Happy End« von Brecht, das er unter dem Pseudonym Dorothy Lane geschrieben hatte und später unter dem Titel *Guys and Dolls* verfilmt wurde.

Mein Bühnenpartner hieß Dietmar Schönherr. Mit ihm und seiner Frau Vivi Bach, die von 1969 bis 1972 die Fernsehshow »Wünsch Dir was« moderierten, begann eine Freundschaft, die Vadim und mich eines Tages dazu bewegte, zu den beiden ins Salzburger Land zu ziehen. Für uns beide begann eine wunderbare, unbeschwerte Zeit.

Die ersten zwölf Jahre unserer Ehe verlebten wir in einer Melange aus viel Freude, viel Lachen und viel Arbeit, auch wenn Vadim und ich in diesen Jahren meistens getrennt unterwegs waren, um für Film oder Fernsehen zu drehen oder Theater zu spielen. Unser erster gemeinsamer Film trug den Titel *Liebe und so weiter*. Regie führte unser lieber Freund George Moorse, der später bei mehr als 120 Folgen der TV-Serie »Lindenstraße« als Regisseur wirkte. Wim Wenders hatte einen Gastauftritt und der verrückte, aber liebenswerte Rolf Zacher, der als Entertainer und Faxenmacher ebenso überzeugte wie als Schauspieler, brachte uns immer wieder zum Lachen. Der Film selbst, der die 68er-Bewegung mit wohltemperiertem Humor aufs Korn nahm, lief erfolgreich in vielen Kinos, wurde aber von den Protagonisten der Studentenrevolte eher unfreundlich aufgenommen.

Kein Wunder, denn Ende 1968 verloren die Revoluzzer allmählich nicht nur den Humor, sondern auch die Zuversicht. Während sich die einen als »Arbeiter« mit Ballonmütze verkleideten, stürzten sich andere in die vertiefte Beschäftigung mit Marx und Mao, derweil eine kleine Gruppe um Andreas Baader und Gudrun Ensslin den »bewaffneten Kampf« der RAF im Untergrund vorbereitete.

Der Kritiker Uwe Nettelbeck beendete seine Rezension in der *ZEIT* vom 27.8.1968 genretypisch und im vermeintlich radikalen Gestus mit den unversöhnlichen Worten: »Ich weiß nicht, was George Moorse zu Filmen wie *Liebe und so weiter* getrieben hat. Sein Kurzfilm *Inside Out* war eine Revolte. Seine Filme über die Revolte verraten sie!«

Die Melange aus Arbeit und Freude hielt über viele Jahre an. Es gab gar keine besonders schönen Ereignisse – die ganze Zeit war ein außergewöhnlich schönes Ereignis. Zwei Momente ragen dennoch heraus: Gegen Ende der Siebzigerjahre wurde ich für meine schauspielerische Leistung in dem Fernsehfilm *Zeit der Empfindsamkeit* mit der Goldenen Kamera ausgezeichnet. Ein Grund dafür war gewiss auch das hochaktuelle Thema – im Mittelpunkt steht eine junge Frau, die sich während der Schwangerschaft von ihrem Mann trennt und ihren Weg erfolgreich allein geht.

Die zweite Begebenheit hat mit der Rebellion der späten Sechzigerjahre zu tun, die auch bei Vadim und mir Spuren hinterlassen hat. Besser: Sie trug auch unsere Spuren. Kurz nach unserer »revolutionären Phase« war ich bei einer Veranstaltung in ein Gespräch mit der hochgescheiten und klassisch konservativen CSU-Ikone Friedrich »Fritz« Zimmermann vertieft, als jemand am Nebentisch ausrief: »Die rote Vera und der schwarze Fritz, wie geht das denn?«

Vadim, der Hitzkopf, genoss zu jener Zeit ein ähnliches Image und das zu Recht. Als der hoch angesehene Chefdramaturg der Münchner Kammerspiele, Heinar Kipphardt, wegen eines Programmhefts zu Wolf Biermanns Theaterstück »Der DRA-DRA«, das nie veröffentlicht wurde, vom Intendanten August Everding entlassen wurde, ging Vadim, der zu dieser Zeit einen Gastvertrag hatte, kurzerhand zu Everding, kündigte seinen Vertrag und verließ das Haus unter dem Absingen schmutziger Lieder. Viele Kollegen und eine Reihe von Dramaturgen folgten Vadim. So wurde die DRA-DRA-Affäre zu einer der größten Krisen der ehrwürdigen Münchner Theaterinstitution. Der eigentliche Verursacher des Rauswurfs von Heinar Kipphardt war der Schriftsteller Günter Grass gewesen, der auf höchst unflätige und infame Weise Kipphardt wegen des DRA-DRA-Programmhefts öffentlich kritisiert hatte. »Mein Schriftstellerkollege Heinar Kipphardt, zur Zeit Dramaturg an den Kammerspielen München, ist unter die Hexenjäger gegangen«, schrieb der spätere Literaturnobelpreisträger am 30. April 1971 in der *Süddeutschen Zeitung*. Und weiter: Kipphardt sei »dumm und gemeingefährlich«; er sei »als Dramaturg ein Stückeverfälscher und als Schriftsteller ein Nachbar Ziesels geworden«; er sei ein »Denunziant«, der »schlimmste deutsche Tradition« fortsetze: »Hetze, die zum Mord führen kann«.

Diese völlig überzogenen, abstrusen Attacken ließen Grass für viele Theaterleute zum roten Tuch werden, so auch für Vadim und unseren Freund Jürgen Flimm, der Jahre später die Intendanz des Hamburger Thalia Theaters übernehmen sollte. Mit ihm waren Vadim und ich wenige Wochen nach Vadims Ausscheiden Gäste im Hause des Spiegel-Herausgebers Rudolf Augstein. Unter den Gästen aus Politik, Wirtschaft und Kunst entdeckten wir bald auch Günter Grass. Jürgen und Vadim fassten den Entschluss, einfach hinzugehen und ihm ordentlich »die Meinung zu geigen«. Sie verließen mich und begannen, um Grass herumzukreisen, kehrten aber nach einiger Zeit unverrichteter Dinge zurück. Auf meine Frage, warum sie ihn denn nicht angesprochen hätten, drucksten sie herum: Es sei keine passende Gelegenheit gekommen – ob ich es denn nicht mal versuchen wollte.

Das war mir dann doch zu viel. »Soll ich jetzt zu ihm gehen und ihn ansprechen mit den Worten: ›Guten Tag, Herr Grass, ich soll Ihnen von Vadim Glowna und Jürgen Flimm ausrichten: Sie sind ein blasiertes Arschloch!‹?« So entging Günter Grass einer überfälligen Generalabrechnung.

* * *

Es waren zwei Frauen, die mich auf meinem Weg in die 68er-Bewegung begleiteten. Die eine hieß Monika Sperr, zu dieser Zeit meine engste Freundin, die unter anderem das wundervolle Buch über Therese Giehse *Ich hab nichts zum Sagen* verfasste. Wann immer wir konnten, schärften Monika und ich unseren Widerstandsgeist durch Diskussionen in linken Frauengruppen. So trieben wir gemeinsam die Emanzipation der Frau voran. Nur ein einziges Mal musste ich passen. Nach einem Abendessen bei uns zu Hause packte Monika plötzlich zwei Pfeifen aus und sagte fordernd: »So, jetzt wird Pfeife geraucht.«

Äußerst skeptisch nahm ich das Ding zur Hand und begann, daran zu ziehen. Nach wenigen Sekunden brach ich ab, weil mir übel wurde. Mit den Worten: »Liebe Moni, das mit der Friedenspfeife ist nun gar nicht meine Sache!« beendete ich das hoffnungsvolle Emanzipationsprojekt »Pfeife rauchen ist Frauensache!«.

Als sich Monika Sperr 1984 im Alter von dreiundvierzig Jahren das Leben nahm, wollte ich es einfach nicht glauben.

Eine andere Aktion, an der ich beteiligt war, erzeugte deutlich mehr öffentliche Aufmerksamkeit. »Wir haben abgetrieben« prangte auf der Titelseite der Zeitschrift *Stern* im Juni 1971. 374 Frauen, darunter Senta Berger, Romy Schneider, Monika Sperr und ich, bekannten, abgetrieben zu haben, setzten sich für die Abschaffung des Paragrafen 218 ein und forderten ein Recht auf legale Abtreibung. Die Aktion brachte uns nicht nur Freunde ein. Einige Unterzeichnerinnen mussten sogar um ihre berufliche Zukunft fürchten. Es gab mehrere Strafanzeigen, die allerdings im Sande verliefen. Auch wenn die Frauenbewegung nicht nur bei diesem Thema noch längst nicht am Ziel ist, so sind Frauenthemen seitdem in den Mittelpunkt der öffentlichen Debatte gerückt.

Aber wie kam es dazu, dass ich mich dieser Aktion anschloss? Ganz einfach: Auf einem Flug saß ich mit der damals noch unbekannten Journalistin Alice Schwarzer zusammen, die zu dieser Zeit in Paris lebte. Wir kamen ins Gespräch und verstanden uns sofort. Als sie mir von ihrer Idee für eine Aktion gegen den Paragrafen 218 erzählte, war ich gleich dabei.

ZURÜCK ZUR NATUR: UNSER KURZES ABENTEUER MIT DEM LEBEN AUF DEM BAUERNHOF

Mit dem Abflauen der Revolte und dem Beginn der Alternativ- und Ökologiebewegung begann die Sehnsucht nach dem einfachen Leben auf dem Lande. Wie viele junge Menschen zu jener Zeit wandten wir uns der Natur zu, um uns von den Strapazen des Widerstands gegen das Establishment zu erholen.

Durch unsere regelmäßigen Besuche bei Vivi Bach und Dietmar Schönherr auf ihrem Bauernhof, der im schönen Salzburger Land lag, erlagen auch wir dem Zauber eines vermeintlich harmonischen Lebens in der beinahe unberührten Natur. Wir dachten zwar ganz und gar nicht daran, unser bisheriges Leben in irgendeiner Form aufzugeben, aber wir suchten ein Refugium. Wir wollten die Möglichkeit haben, heute würde man sagen: uns zu entschleunigen – Pardon, aber ein ziemlich beknackter Begriff.

Vivi und Dietmar bestärken uns in diesem Vorhaben – ganz im Sinn des Briefes von Voltaire an Rousseau, nur ohne dessen Ironie. In dem heißt es am Ende:»Sie sollten kommen, sich in der heimischen Luft zu stärken. Sie sollten mit mir die Freiheit genießen, die Milch unserer Kühe zu trinken. Und das Gras unserer Wiesen abzuweiden.«

Wir beauftragten Dietmar, für uns einen passenden Bauernhof zu suchen. Er fand ihn rasch und so zogen wir aufs Land, freilich zumeist an den freien Tagen, wenn überhaupt, also an den Wochenenden. Zu Beginn waren wir voller Tatendrang. Vadim wollte sich einen lang gehegten Traum erfüllen: die Pferdezucht. Als er meiner Großmutter Olga davon erzählte, sagte sie mit einem ironischen Lächeln:»Bitte denkt daran, beim Pferdezüchten muss man stets sehr früh aufstehen!«

Zum Pferdezüchten sind wir allerdings nie gekommen. Auch Kühe oder Schafe gab es nicht auf unserem Gehöft. Dafür begleiteten uns bei unseren Reisen auf dem Lande ersatzweise zwei große Hunde – ein Riesenschnauzer und ein Schäferhund – sowie unsere Hauskatze.

Die anfängliche Euphorie wurde durch ein weiteres Problem getrübt. Die Sommerferien gingen zu Ende und unser Sohn Nick musste zurück zur Schule, sodass ich kaum noch aufs Land fuhr und Vadim immer seltener dorthin aufbrechen konnte, um seine Rolle als Freizeitbauer wahrzunehmen. So kam es, dass wir nach gut einem Jahr unser Anwesen wieder verkauften.

Dabei hatte alles sehr lustig begonnen. Als wir unser Gehöft in Beschlag nahmen, gab es einiges an Renovierungsarbeiten zu erledigen. So mussten alle Balken im Haus gefirnisst werden. Unterstützung bekam Vadim von drei zünftigen Mitarbeitern, Kollegen des Bremer Schauspielhauses, die mit Freuden seiner Bitte nachkamen, ihm handwerklich zur Seite zu stehen. Zur Stärkung der intrinsischen Arbeitsmotivation stellte Vadim jede Menge alkoholischer

Getränke bereit, ganz im Sinne Shakespeares: »No profit grows, where there is no pleasure t'ken!« Ohne Spaß geht nichts voran. Die Sache hatte allerdings einen Haken. Firnis erzeugt Dämpfe, die zwar nicht weiter schädlich sind, jedoch den Kreislauf belasten können, insbesondere dann, wenn derjenige, der damit hantiert, Alkohol zu sich nimmt. Vadims Freunde erfuhren die toxische Wirkung bayerischen Bieres am eigenen Leib, denn es wurde ihnen mehrere Stunden lang übel, und erst die von Dietmar verabreichte Landmilch brachte sie wieder auf die Beine.

Fazit unseres Intermezzos auf dem Lande: Ich bereue nichts! Wir hatten viel Spaß, haben viel gelacht und konnten als junge Menschen unsere Grenzen austesten. Noch heute denke ich lächelnd an unsere Verrücktheiten von damals. Viele Jahre später stand in einem Magazin, dass die Kommunen in Berlin, vor allem die berüchtigte »Kommune 1« mit Rainer Langhans, Dieter Kunzelmann und Fritz Teufel, zu der später noch die schöne Uschi Obermaier stieß, uns zur Landflucht inspiriert hätten. Welch ein Unfug!

Wir dachten nicht im Traum daran! Dieser Ausflug gehört vielmehr zu den vielen Episoden unseres Ehelebens, auf die Vadim und ich stets mit Freuden zurückblickten. Sie gehörten wie selbstverständlich zu unseren unbeschwerten Sechziger- und Siebzigerjahren.

AUF NACH CANNES: VADIMS ERSTER SPIELFILM IM WETTBEWERB UM DIE GOLDENE PALME

Während mein Sohn Nick für die nächsten Jahre zum Studium ans Berklee College of Music in Boston ging, stürzten Vadim und ich uns in die Arbeit. Wieder ging es nach Hamburg – und zwar gemeinsam. Das Spielfilmprojekt hieß *Desperado City*, Regie: Vadim Glowna.

Es war Vadims erste Regiearbeit und für mich die erste Arbeit unter seiner Regie.

Der Film wurde ein großer Erfolg. Vadim stellte seine außerordentlichen Fähigkeiten als Regisseur unter Beweis, vor allem die gelungene filmische Umsetzung seines eigenen Drehbuchs und seine große Begabung, Schauspieler zu führen und junge Talente wie Beate Finckh und Siemen Rühaak zu entdecken. Der Filmkritiker Urs Jenny schrieb in seiner Rezension zu *Desperado City* im *Spiegel:* »Glowna hat einen Instinkt für heftige Zeichen und Gesten, einen Blick für zupackende Bilder, für Autoscheinwerfer, die durch die blaue Nacht kurz über abblätternde Mauern und ein paar Streuner fegen. Er erzählt mit der knapp gezügelten Unrast seines Taxi Drivers, wenn die Ampel noch und noch nicht von Grün auf Rot springen will; er *verheddderte* sich auch mal kurz in *vielsträhnigem* Unheil und den Krimi-Mystifikationen seiner Geschichte und schafft doch die Emotionskurve ins Finale: Weil er zu seinen Figuren hält und für sie Gefühl hat: für den Verzweiflungs-Leichtsinn von Siemen Rühaak als Skoda, für Vera Tschechowa und Domenica als Märtyrerinnen im Macho-Revier und für die kleine Ausreißerin Liane, Beate Finckh, durch die Skodas Amok zum Slalom wird.«

Die Krönung erlebten wir bei den Internationalen Filmfestspielen in Cannes 1981. Dort erhielt *Desperado City* die Caméra d'Or, die Auszeichnung für den besten Debütfilm. Dieser Erfolg beflügelte Vadim weiterzumachen. Es folgten bald der nächste und übernächste Film. Während die Konzeptionen und Drehorte immer komplizierter und exotischer wurden, blieben Erfolge und Resonanz beim Publikum jedoch weit hinter den Erwartungen zurück. Nicht zuletzt deshalb nahmen die Spannungen zwischen Vadim und mir zu. Sie waren sicherlich ein wesentlicher, wenn auch nicht der einzige Grund, der zu unserer ersten Trennung im Jahr 1988 führte.

Einen »Rückfall« in unbeschwerte Zeiten gab es dennoch. Es war im Jahr 1984, bei den Dreharbeiten zu Vadims Dokumentarfilm *Tschechow in meinem Leben*. In der damals noch existierenden Sowjetunion ging ich auf Spurensuche meiner russischen Wurzeln. Im Mittelpunkt stand natürlich das Leben meines Urgroßonkels Anton Tschechow, dessen präsenter Geist mich durch meine Mutter und meine Großmutter schon seit frühester Kindheit begleitet hatte. Das erste Buch, das ich lesen konnte, hieß *Kaschtanka,* eine Kurzgeschichte, in der es um Tiere geht.

Trotz der nicht einfachen Bedingungen für unsere Dreharbeiten in Moskau und anderen Städten Russlands war es für mich eine aufregende Entdeckungsreise, auf der mir mein familiärer Hintergrund erst wirklich bewusst wurde. Ich traf Familienangehörige, Literaten, Theaterleute und andere Zeitzeugen, die mir meine Herkunft aus den unterschiedlichsten Perspektiven greifbar und anschaulich machten.

Natürlich hat mir der Name Tschechow viele Türen geöffnet. Die Liebe der Russen zu ihrem großen Dichter, die mir überall begegnete, ob auf dem Land oder in der Stadt, ob einfacher Landarbeiter oder namhafter Künstler, war und ist schier grenzenlos. Manchmal wurde mir dieser Personenkult sogar ein bisschen zu viel.

Doch es waren diese sprichwörtliche Herzlichkeit und Gastfreundschaft der Menschen, die mich überwältigten. Besonders berührend empfand ich die vielen Geschenke, die ich gerade von denen bekam, die unter sehr bescheidenen materiellen Verhältnissen lebten – was eigentlich auf die meisten zutraf, denen ich begegnete. Es ging mir schon sehr zu Herzen, wenn sie Karamellbonbons oder Schokolade aus ihrer »Schatztruhe« holten und mir strahlend überreichten.

Ein Dreh für diesen Film fand unter erschwerten Bedingungen statt. An einem Morgen gegen neun Uhr stand der Besuch am Grab meines Urgroßonkels Anton Tschechow auf dem Plan. Begleitet wurde ich von meinem Onkel, dem Geologen André Knipper. Nachdem wir auf dem Friedhof angekommen waren, begannen Vadim und sein Team sofort mit den Dreharbeiten. Onkel André brachte sich in Positur und hielt eine flammende Hymne auf Anton Tschechow. Danach gab er eine Litanei über die regionalen Unterschiede bei der Ehrung von Toten in der damaligen Sowjetunion zum Besten. Schließlich zog er, sehr zu meinem Unwillen, eine Flasche Wodka und ein Stück fetten Speck aus seiner Manteltasche, ließ sich Gläser reichen und übergab eines davon mir.

Ich ahnte, was auf mich zukam, und dachte mit Schaudern daran, weil ich niemals Wodka getrunken hatte und fetten Speck verabscheute. Doch es kam genau so: André überreichte mir ein Stück Speck, wohl als »Grundlage« gedacht, dazu ein Glas, das er mit Wodka füllte. Danach sagte er salbungsvoll, er käme jetzt zur Totenehrung auf georgische Art, hob sein Glas, stieß mit mir an und sprach: »Ein Hoch den Toten, denn sie leben immer mit uns!«

Ich trank, aß und verzog keine Miene, erinnere mich aber nicht gern daran. Bis zum heutigen Tage habe ich nie mehr Wodka getrunken und schon gar keinen fetten Speck gegessen.

* * *

1988, nach mehr als zwanzig Jahren, trennte ich mich von Vadim und zog nach Berlin. Ich wollte es nicht mehr ertragen, wie wir nach so vielen schönen Ehejahren immer mehr aneinander vorbeilebten. Etwa ein Jahr, nachdem ich in Berlin meine neue Heimat zu finden suchte, stand Vadim vor der Tür und wir versuchten es noch einmal – allerdings ohne Erfolg. Auf einer gemeinsamen Tournee, es war ein Stück von Arthur Miller, erkannten wir, dass unsere Geschichte auserzählt war.

PETER, DER MANN VOM NIEDERRHEIN

Trotz erheblicher Spannungen, vor allem kurz nach der Trennung, blieben nicht nur Vadim und ich enge Freunde. Auch mein zweiter Ehemann Peter wurde zum festen Bestandteil unserer Freundschaft bis zu Vadims viel zu frühem Tod im Jahr 2012. In seiner Autobiografie schreibt Vadim, dass Peters Verhalten unsere tiefe Verbindung überhaupt erst möglich gemacht hat.

Peter begegnete ich zum ersten Mal im Mai 1990. Meine Stiefmutter, mein Vater und ich hatten uns zu einem frühen Abendessen im Restaurant »La Cascina« verabredet. Nachdem wir das Restaurant verlassen hatten, standen wir noch eine Weile im Garten und unterhielten uns mit dem Inhaber Piero. Plötzlich kam ein Gast aus dem zu dieser Zeit so gut wie leeren Lokal, den ich dennoch nicht wahrgenommen hatte. Gerade sprachen wir über meine Stiefschwester Manuela und ihren Mann, die in Kronberg im Taunus lebten.

Das Stichwort »Kronberg« nutzte der fremde Gast, um sich ungebeten in unser Gespräch einzumischen. Er sagte:

»Wenn in Kronberg der erste Schnee fällt, glauben die Leute dort, sie seien in St. Moritz!« Dann stellte er sich vor: Peter Paschek. Während der kurzen Unterhaltung war unzweideutig erkennbar, dass Peter weniger bei meinem Vater oder meiner Stiefmutter Eindruck machen wollte als bei mir. Die Begegnung ging jedoch mehr oder weniger an mir vorbei. Mein spontaner Eindruck: weiß- und langhaarig, gar nicht mal so unsympathisch. Als Peter dann aber zum Abschluss meinem Vater seine Visitenkarte überreichte, ging mir das eindeutig zu weit. Auf dem Weg nach Hause erklärte ich meinem in diesen Dingen gelegentlich etwas naiven Vater, dass mit der Karte nicht er, sondern ich gemeint war, und bat ihn, sie wegzuwerfen, was er dann auch brav tat. Damit war das Thema für mich erledigt.

Ich hatte allerdings die Rechnung ohne Peter und seine niederrheinische Hartnäckigkeit gemacht, die man heute wohl »Resilienz« nennt. Wenige Tage nach der ersten Begegnung mit ihm, die, wie er stets betont, exakt am 27. Mai 1990 stattfand, erhielt ich von ihm einen zwar sehr schönen, aber übertrieben großen Blumenstrauß. Darin steckte eine Karte, auf der er vorsichtig anfragte, ob wir uns nicht einmal treffen könnten.

Doch nicht nur das. Tags darauf rief Peter mich an, um seiner Anfrage Nachdruck zu verleihen. Ich war ziemlich überrascht, denn weder meine Adresse noch meine Telefonnummer waren leicht zugänglich. Wo hatte der Kerl die bloß her? Es stimmt wohl doch nicht, was der Kabarettist Hanns Dieter Hüsch sagte: »Der Niederrheiner weiß nix, kann aber alles erklären.« Er weiß mehr, als man denkt.

Ohne lange überlegen zu müssen, vertröstete ich ihn mit der Ausrede, dass es in den nächsten Tagen nicht möglich sei, aber vielleicht in zwei oder drei Wochen. Nach einer Woche rief Peter wieder an und in der Woche darauf noch einmal. Dabei trug er sein Anliegen stets zurückhaltend und höflich vor. Bei seinem vierten Versuch gab ich schließlich nach.

Wir verabredeten uns – wie Peter gleichsam notariell festhält – für Samstag, den 7. Juli, einen Tag vor dem Endspiel zwischen Deutschland und Argentinien bei der Fußballweltmeisterschaft 1990 in Italien. Dieser Tag war für mich eine gute Gelegenheit, aus meiner Wohnung zu fliehen, denn meine Putzfrau hatte gebeten, nicht wie üblich am Freitag, sondern am Samstag kommen zu dürfen.

Mein erstes Treffen mit Peter fand dort statt, wo wir uns zum ersten Mal begegneten, im Restaurant »La Cascina«. Hier trafen wir uns um 12 Uhr zum Mittagessen und hatten uns offenbar eine Menge zu erzählen, denn wir verließen das Lokal erst um 19 Uhr, also nach sage und schreibe sieben Stunden.

Eigenartig: Mit einem solchen Marathongespräch hatte es ja auch bei Vadim angefangen. Es gibt also doch Männer, mit denen man reden kann.

Je länger wir uns austauschten, desto mehr fühlte ich mich zu Peter hingezogen. Er war sehr offen, witzig und völlig unangepasst, konnte herzlich lachen – auch über sich selbst. Und er war gebildet. Seit seiner Jugend liebte er das Theater und wusste schon deshalb, dass ich ein Spross der Tschechow-Familie bin. Peter fragte nicht wie so viele, denen ich begegnete, ob ich aus der Tschechoslowakei stamme. Mein Stiefbruder Micha sagte immer, wenn er das hörte: »Nein, wir kommen nicht aus der Tschechoslowakei, wir sind von den Zeugen Tschechowas!«

Nur drei Tage nach unserem ersten Treffen verabredeten

Peter und ich uns zum Abendessen in einem Berliner Sterne-Restaurant. Das Essen war ausgezeichnet. Doch als die Weinkellnerin des Hauses uns im Kommandoton beizubringen versuchte, was wir zu den einzelnen Gängen zu trinken hätten, erlebte ich zum ersten Mal einen für Peter typischen Auftritt.

Er machte der Dame mit wenigen ironischen, zuweilen leicht ins Gröbliche abgleitenden, daher recht gut verständlichen Bemerkungen klar, dass wir auf ihren Rat gern verzichten würden. Sie möge uns nicht weiter stören, da wir wichtige Dinge zu besprechen hätten. Bis heute müssen wir herzlich lachen über den gleichwohl gelungenen Abend – und über die Wirtin des Restaurants, die wir seitdem unter der Genrebezeichnung »die Turnlehrerin« abgelegt haben.

Von da an trafen Peter und ich uns, wann immer es möglich war. Auch meine Theatertournee zwischen September und Anfang Dezember im Jahr 1990 konnte uns nicht daran hindern. Alles ging sehr schnell. Nach meiner Rückkehr von der Tournee bezogen wir eine gemeinsame Wohnung im Grunewald. Die Wohnung hatte Peter mithilfe meiner Freundin Carola von Wischnewski ausgesucht. Die beiden hatten sie schon bezugsfertig eingerichtet.

Einen Tag nach unserem Einzug hatte ich mich mit meinem Vater und meiner Stiefmutter zum Abendessen im »La Cascina« verabredet. Mit Peter hatte ich besprochen, dass er sich bereithalten solle, um danach meinen Eltern vorgestellt zu werden. Als wir das Restaurant verließen, stand er wie verabredet da. Meine Stiefmutter sah ihn als Erste und rief: »Da ist ja der schon wieder!«

Nach dem ersten Wiedersehensschock entwickelte sich ein intensives Gespräch zwischen meinem Vater und Peter.

Einen ganz dicken Stein im Brett hatte er, als er erzählte, Mitglied im Verwaltungsrat von Schalke 04 zu sein. Tief beeindruckt sagte mein Vater: »Sie könnten Direktor von Siemens sein, das würde mir längst nicht so sehr imponieren wie die Mitgliedschaft im Verwaltungsrat von Schalke 04!«

So begann eine tiefe Freundschaft zwischen den beiden. Mein Vater war zugleich der wichtigste Begleiter der ersten zehn Jahre unserer Ehe. Er war Freund, Mentor, Moderator, Mediator und gelegentlich, wenn es sein musste, Schlichter zwischen zwei durchaus temperamentvollen, eigenwilligen Menschen. Meine Stiefmutter und mein Vater waren dann auch Trauzeugen bei unserer standesamtlichen Hochzeit im Juni 1991. Kurz nachdem Peter und ich im Dezember 1990 unsere Wohnung bezogen hatten, machten wir uns auf den Weg nach Italien.

Wegen meines damals hohen Bekanntheitsgrads wollten wir dem üblichen Medienrummel entfliehen. Wir fuhren in die Toskana, in ein kleines Dorf namens Fosciandora unweit des Monte Cimone. Ein Freund von Peter, Piero Salotti, der an der südhessischen Bergstraße ein Restaurant führte, stellte uns sein Haus zur Verfügung, das neben dem seiner Eltern lag.

Pieros Vater war berühmt – zumindest bei Peter – für seinen selbst gebrannten Grappa, dessen Alkoholgehalt bei spektakulären 70 Prozent lag. Peter und ich genossen die vorweihnachtliche Ruhe Italiens bei wunderbaren Weinen und großartigen Speisen. In Erinnerung geblieben ist mir das große Nikolausbild im Eingang der Dorfcafeteria: Der rote, pelzbesetzte Mantel und die typisch dazugehörige Mütze waren traditionell, wie es sich gehört. Weniger traditionell war die spärlich bekleidete Blondine in Strapsen und hochhackigen Schuhen – offenbar eine schon damals gendergerechte Nikolausine …

* * *

Als wir aus Italien zurückkehrten, begann für Peter und mich der Ernst des Lebens. Peter stand vor einer neuen beruflichen Herausforderung, denn er war nach elf Jahren bei Kienbaum zu einem anderen Beratungsunternehmen gegangen. Und ich hatte schon vor einiger Zeit mit dem Gedanken gespielt, hinter die Kamera zu wechseln. Peter unterstützte mich dabei mit aller Kraft. Dennoch war es nicht ganz leicht, unser beider Alltag neu zu justieren. Der Anfang war ganz schön holprig, aber die Freude, Neues zu wagen, überwog.

Bei allen Problemen und Sorgen, die entstehen können, wenn zwei starke Persönlichkeiten zusammenleben, gab es immer viel zu lachen, auch über uns selbst. In dieser Phase war sicherlich mein Vater eine große Hilfe, aber auch langjährige Freunde stärkten uns den Rücken, ganz besonders mein alter Freund, der Filmkritiker Klaus Eder.

So war es für Peter und mich kein unkalkulierbares Wagnis, als wir am 4. Juni 1991 im Rathaus Berlin-Schmargendorf standesamtlich heirateten. Eine besondere Freude war für uns, dass Peters Mutter mit uns feiern konnte. Sie hatte für Peters Vater, der damals schon sehr krank war, für einige Tage eine Rundumbetreuung organisiert.

Wenige Tage nach unserer standesamtlichen Trauung flogen Peter und ich nach Los Angeles, um dort kirchlich zu heiraten. Jura Shdanov, mein Deputy Grandfather, wie er sich nannte, war viele Jahre der Partner meines Großvaters Michail Tschechow in dessen berühmter Schauspielschule gewesen. Als Jura erfuhr, dass wir heiraten, empfahl er uns nachdrücklich, wir sollten uns von seinem Freund Dr. William Hornaday in Los Angeles trauen lassen.

Tatsächlich wurde es eine schöne, aber schlichte Zeremonie.

Jura hatte nach seinem charmanten Auftritt als Trauzeuge mit sehr viel Liebe eine kleine Hochzeitsfeier bei sich zu Hause organisiert. Der Kreis der Gäste war nicht groß, aber sehr divers, wie das heute heißt: Eine russisch-deutsch-jüdisch-amerikanische Community prostete sich mit italienischen Weinen zu. Glücklich und beseelt fuhren Peter und ich zurück in unser Hotel und wurden sogleich durch eine unliebsame Überraschung ins wahre Leben zurückgeholt.

Nachdem Peter am Tag zuvor zwei Regenbogen-Journalisten auf seine nicht ganz stubenreine Art vertrieben hatte, dachten wir, endlich Ruhe zu haben. Doch weit gefehlt. Als ich aus unserem Hotelfenster schaute, erblickte ich in einem gegenüberliegenden Baum einen weiteren Vertreter der Paparazzi-Zunft, der versuchte, in unser Zimmer hineinzufotografieren. Er fühlte sich ertappt und verschwand recht schnell, sodass wir diesen sehr schönen Tag in bester Stimmung ausklingen lassen konnten.

Für den nächsten Tag, einen Tag vor unserer Abreise in den Norden Kaliforniens, hatte Peter unseren Besuch bei seinem Lehrer und Freund Peter Drucker und dessen Frau Doris verabredet. Peter Drucker war und ist vor allem in Wirtschaftskreisen eine Berühmtheit. Er gilt bis heute als *der* führende Managementdenker. Peter sah das immer anders: Zuallererst sei er ein grandioser politischer Philosoph.

Ich erinnere mich an unzählige Besuche von Peter und mir bei ihnen in Kalifornien. Drucker begleitet Peter bis heute in seinem Denken und Handeln. Von Beginn an habe ich mich sehr wohlgefühlt bei diesen großzügigen, höchst gebildeten alten Herrschaften. Nach mehreren Stunden fuhren Peter und ich nach Los Angeles zurück und genossen die wie im Kino vorüberziehende wunderbare Landschaft.

Am nächsten Tag machten wir uns über den berühmten Highway No. 1 auf den Weg nach Norden. Doch auf der Höhe von Hearst Castle traute ich meinen Augen kaum. Für einen Moment glaubte ich, mich habe das Fieber gepackt, denn im Vorbeifahren sahen wir rechts von uns auf einer Weide eine große Herde Zebras. Und tatsächlich: Es waren sogenannte San-Simeon-Zebras, die der Verleger Randolph Hearst einst aus Afrika nach Kalifornien gebracht hatte. Ohne weitere Zwischenfälle erreichten wir unser Hotel in den Carmel Highlands nahe des kleinen Städtchens Carmel, das durch Clint Eastwood berühmt wurde, der dort für einige Jahre Bürgermeister war.

Peter, der die Region gut kannte, hatte die Highlands ausgesucht und unser Urlaub dort begeisterte uns dermaßen, dass wir für viele Jahre immer wieder dorthin zurückkehrten. Jeden Abend wurde ich ganz zappelig und schlang das Essen, ganz entgegen meiner Gewohnheit, hinunter, nur um rechtzeitig auf unserer kleinen Terrasse zu sitzen und den kurzen Augenblick zu genießen, wenn die Sonne in Sekundenschnelle im Meer versinkt: Peter musste hierzu natürlich wieder eine seiner Blöd-Anekdoten zum Besten geben. Er fragte mich, ob ich das Lied »Wenn bei Capri die rote Sonne im Meer versinkt« kenne, und sang den von ihm leicht veränderten Refrain:»Bella, bella, bella Marie, häng dich auf, ich schneid dich ab morgen früh« ... Capri-Gefühle in Kalifornien.

Einmal schauten Peter und ich aufs Meer und sahen eine große Gruppe von Delfinen wie an einer Perlenkette aufgereiht nach Süden ziehen. Ein anderes Mal faszinierte uns ein Wal, der immer wieder aus dem Wasser auftauchte, wie einst Moby Dick vor den Augen des rachsüchtigen Käpt'n Ahab in die Luft stieg und wieder abtauchte.

Nach einer Woche in den Carmel Highlands fuhren wir weiter nach San Francisco. Ich kannte zwar den Süden Kaliforniens recht gut, war aber bis dahin noch nie in San Francisco gewesen. Peter übernahm die Führung und so kam es, dass die erste Sehenswürdigkeit, die er mir zeigte, der direkt an der Meeresbucht liegende Candlestick Park war, das Stadion des berühmten Footballteams San Francisco 49ers. It's a man's world ...

Dann ging es weiter zur Lombard Street, zur »most crookedly street in the world«, wo 1968 für den amerikanischen Spielfilm *Ein toller Käfer* ein PS-verrückter VW namens »Herbie« in halsbrecherischer Fahrt, sämtliche Verkehrsregeln missachtend, rasant die engsten Kurven nahm. Auch nicht gerade eine feministische Attraktion.

Veras Mutter (Ada Tschechowa, o.)
und Großmutter (Olga Tschechowa, u.)

Priv.-Doz. Dr. Wilhelm Rust,
Veras Vater

Vera mit drei Jahren im
Garten des Hauses ihrer
Großmutter Olga in der
Spreestraße in Berlin, 1943

Vera mit ihrem Vater
Dr. Wilhelm Rust vor
Patienten in seiner
Klinik am Müggelsee,
Friedrichshagen, 1944

Vera, vier Jahre alt,
im Garten des Hauses
ihrer Großmutter
Olga, 1944

Ada, Olga und Vera bei
einer Theaterprobe ihrer
Großmutter

Im Alter von sechs
Jahren im Garten des
Hauses ihrer Großmutter,
1946

Oben und Mitte:
Vera mit ihrer Groß-
mutter Olga in deren
Garten, 1946

Vera und Olga mit
Trude Hesterberg am
Tegernsee, 1947

Michail Tschechow, Veras Großvater

Die fünf Töchter des »Witwers«
Heinz Erhardt: (v. l. n. r.: Christine
Kaufmann, Vera Tschechowa, Elke
Aberle, Susanne Cramer, Angelika
Meissner), 1957

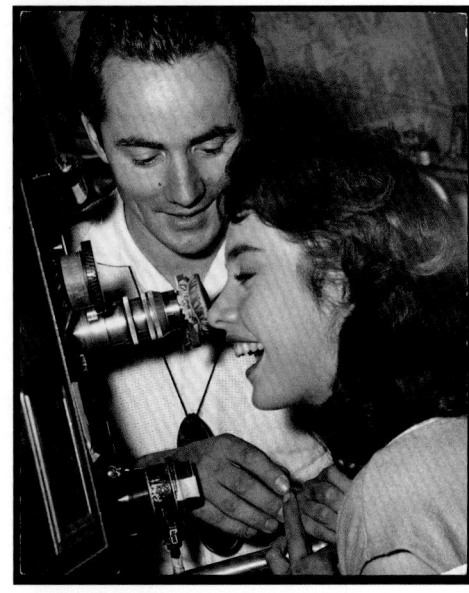

Mit Kameramann Sepp Riff beim
Dreh von *Noch minderjährig*, 1958

Noch minderjährig-Produzent Otto Dürer und Regisseur Georg Tressler gratulieren zu Veras 18. Geburtstag

Filmplakat zu *Der Schleier fiel …*, 1960

Vera Mitte der 1950er-Jahre

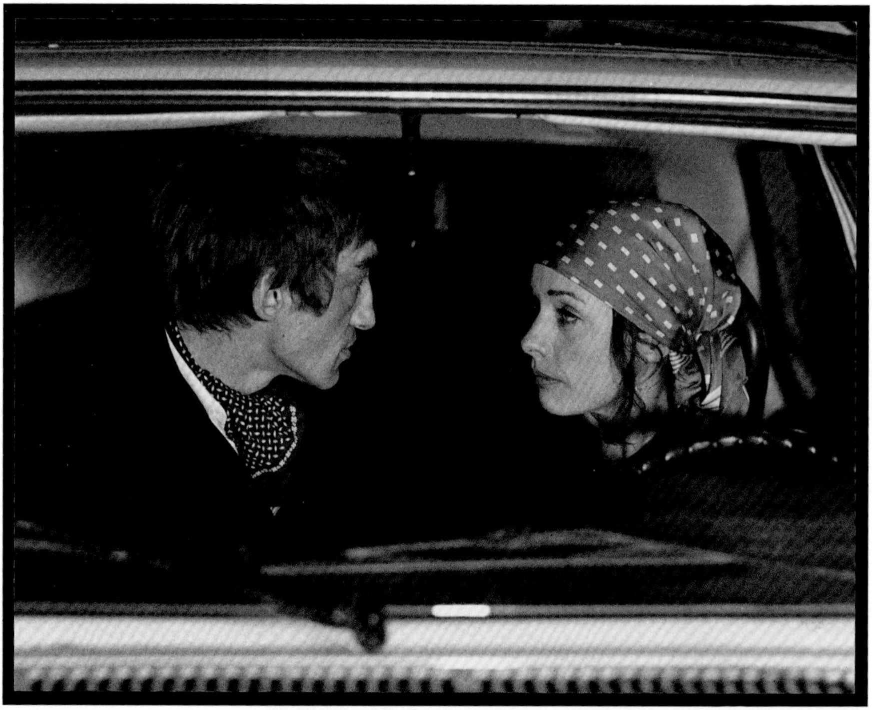

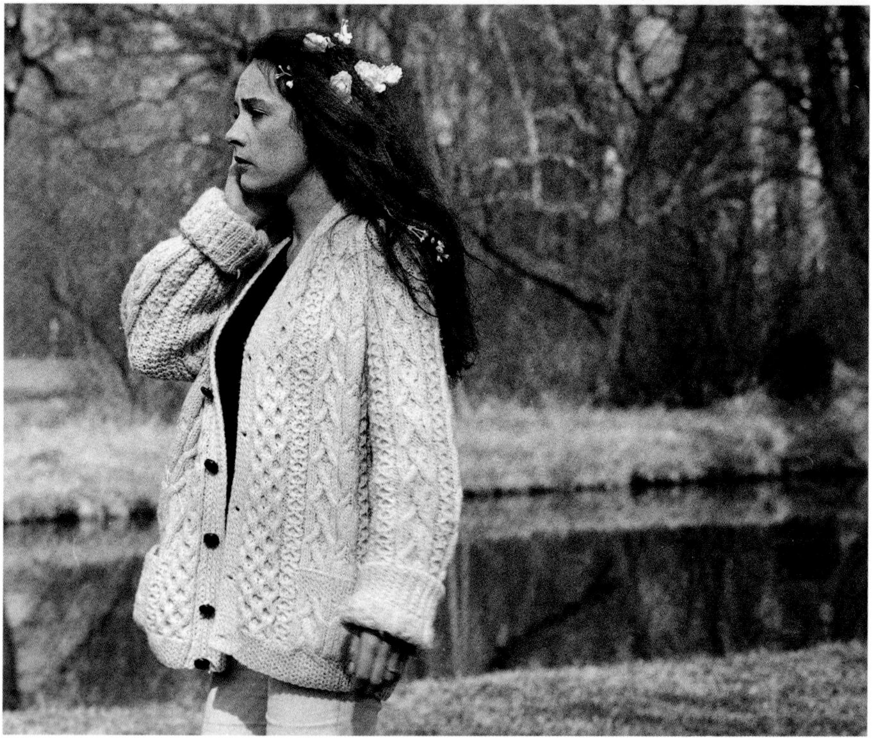

Mit ihrem ersten Ehemann Vadim Glowna und Sohn Nick, 1967

Linke Seite:
Vera in *Verhör am Nachmittag*, 1965 (o. mit Gottfried John)

Mit Bernd Eichinger und Vadim bei einem Empfang, 1976

Vera und Vadim, 1977

Bei Dreharbeiten mit
Carl-Heinz Schroth, 1984

Unten:
Aufnahmen für Autogramm-
karten, 1980er-Jahre

Vera in ihrem Haus in München, 1985

Mit ihrem zweiten Ehemann Peter Paschek kurz nach der standesamtlichen Trauung am 4. Juni 1991

Mit Eduard Schewardnadse und Regisseurin Nana Djordjadse bei den Dreharbeiten zu Veras Doku *Schewardnadse Georgien*, 1992

Peter Paschek im Gespräch mit seinem Freund und Lehrer Prof. Dr. Peter F. Drucker, Claremont, Kalifornien, 1994

Bei den Dreharbeiten
zu Veras Doku
Ich hab erst Halbzeit
über Katja Riemann,
1995 (u. mit Katja
Riemann und Crew)

Mit Emma Thompson bei
den Dreharbeiten zu Veras
Doku *Abenteuer eines
Außenseiters – der Filme-
macher Ang Lee,* 2003

MEIN NEUES LEBEN HINTER DER KAMERA

Nach drei Tagen San Francisco flogen wir zurück nach Deutschland. Peter setzte seine Arbeit als Partner seiner neuen Firma fort, aber irgendwie spürte ich, dass er sich dort nicht wirklich wohlfühlte. Bestärkt wurde ich wenige Tage nach unserer Rückkehr durch einen Anruf von Peter Drucker. Nachdem er mir in reizender Art und Weise erklärt hatte, dass Doris und er darauf bestehen würden, mich und Peter ganz schnell wiederzusehen, wies er mich mit besorgter Stimme darauf hin, dass Peter in seiner jetzigen Firma nicht glücklich sei und in einem Umfeld arbeite, das überhaupt nicht zu ihm passe. Er habe einen befreundeten Topmanager eines Technologieunternehmens in Boston angesprochen, der sich bei Peter melden würde. Wenige Tage später traf sich Peter am Frankfurter Flughafen mit diesem Mann, der ihm eine interessante Position in seiner Firma anbot. Allerdings hätten wir dazu nach London umziehen müssen, was uns dann doch zu viel Neues auf einmal gewesen wäre. Bald aber hatte Peter eine Alternative gefunden, die ihm dann für mehr als zwanzig Jahre die berufliche Erfüllung brachte.

Doch der programmatische Leitbegriff unserer Tage von der freizeitpsychologisch sorgsam austarierten Work-Life-Balance ist für ihn ein Unwort. Ich glaube, dass es für ihn nie eine Trennung zwischen Work und Life, Arbeit und Leben gegeben hat. Ich kenne keinen anderen Menschen, der in jeder Lebenslage seiner Arbeit nachgehen kann so wie er. »Lage« meint hier auch Sitzen, Stehen, Liegen und Laufen. Peter ist der einzige Mensch, den ich kenne, der im Liegen nicht nur telefonieren, sondern auch längere Texte schreiben kann.

Ob im Urlaub, am Wochenende, bei meinen Dreharbeiten – immer fand er die Zeit, effizient und effektiv zu arbeiten, ohne dabei zum Workaholic zu werden. Kreatives Arbeiten ist auch bei seiner jetzigen Tätigkeit als Lehrbeauftragter der TU München ein wahrhaft integrierter Bestandteil seines Lebens.

* * *

Es gab für mich mehrere Gründe, die mich dazu veranlassten, hinter die Kamera zu gehen. Zum einen wollte ich nach einer langen Karriere als Schauspielerin das Spektrum in meinem beruflichen Metier erweitern. Zum anderen wurden die Rollenangebote immer uninteressanter. Als Frau mittleren Alters war ich für die leidenschaftliche Geliebte zu alt und für die Oma zu jung. Vor allem hatte ich das Gefühl, als Theater- und Filmschauspielerin alles erreicht zu haben.

Ich hatte unter anderem bei Gründgens und Noelte Theater gespielt und mit Großen wie Therese Giehse, Lilli Palmer, Gert Fröbe, Götz George und vielen anderen vor der Kamera gestanden. Mit meiner letzten Filmarbeit *Schuldig auf Ver-*

dacht (1996) war meine Geschichte als Schauspielerin endgültig auserzählt. Tatsächlich erhalte ich bis heute regelmäßig Rollenangebote, die ich jedoch allesamt ablehne. Das verstehe ich unter »endgültig«.

* * *

1991 war das Jahr des historischen Zerfalls der Sowjetunion und der tiefen Umbrüche in allen Ländern des einstigen »Ostblocks«, allen voran in Polen und der Tschechoslowakei. Mein Interesse galt verständlicherweise vor allem Russland. So dachte ich über eine Dokumentation nach, in der die führenden Persönlichkeiten dieser einschneidenden Veränderungen porträtiert werden sollten: Michael Gorbatschow, Eduard Schewardnadse, Boris Jelzin und der damalige Bürgermeister von Sankt Petersburg, Anatoli Sobtschak.

Schnell fand sich ein Produzent, der mir versicherte, dass eine Finanzierung des ehrgeizigen Projekts für ihn ein Leichtes sei. Peter und befreundete Journalisten unterstützten mich tatkräftig bei der Erarbeitung des Drehbuchs. In Moskau knüpfte mein Freund, der bekannte Regisseur Elem Klimov *(Abschied von Matjora)*, die entsprechenden Kontakte und bereitete minutiös eine gemeinsame Reise von Peter und mir nach Moskau vor.

Im Januar 1992 war es dann so weit. Wir flogen nach Moskau und landeten dort bei eisiger Kälte und tiefem Schnee auf dem Flughafen Scheremetjewo. Dort erwartete uns schon Elem und brachte Peter und mich zu unserem Hotel nahe des Roten Platzes. Das Haus gehörte seit wenigen Monaten zur InterContinental-Gruppe. Da die Renovierungen gerade erst begonnen hatten, versprühte es noch den alten sozialistischen Charme der Sowjetunion, wenn man in diesem Zusammenhang überhaupt von Charme sprechen will.

Später führte uns Elem in ein nahe gelegenes Restaurant zum Abendessen. Peter genoss die schwere russische Küche, Elem trank einen Wodka nach dem anderen und erklärte uns dabei, dass dies aufgrund der eisigen Kälte nötig sei, um sich innerlich zu erwärmen. Selbst russische Mediziner sehen das inzwischen ein bisschen anders. Egal, Tradition geht vor.

Während die beiden jeder auf seine Art das üppige Mahl genossen, war ich voller Vorfreude auf den nächsten Tag. Elem hatte für jeden der kommenden drei Tage eine wichtige Begegnung vorbereitet, die ohne sein Mitwirken niemals zustande gekommen wäre. Als Erstes besuchten wir den Kreml und trafen dort einen der engsten Berater von Boris Jelzin, der einige Monate vorher durch die erste demokratische Wahl seit 1917 zum Präsidenten von Russland gewählt worden war.

Der Berater Jelzins führte uns durch die Räume des Kremls, dessen Geschichte für uns hautnah spürbar war. Schon Lenin und Stalin sind hier durch die Gänge gelaufen. Während des Rundgangs bestätigte der Berater die Bereitschaft Boris Jelzins, an meiner Dokumentation mitzuwirken. Wir verabschiedeten uns in bester Stimmung und machten uns trotz der Eiseskälte auf den Weg zum Grab meines Urgroßonkels Anton Tschechow auf dem Friedhof Nowodjewitschi. Begraben sind hier auch Persönlichkeiten wie Sergej Eisenstein, Dimitri Schostakowitsch und Alexej Tolstoi, aber auch Nikita Chruschtschow und Juri Gagarin.

Nachdem wir am Grab von Tschechow für einen Moment der Stille verweilten, ging Elem plötzlich auf Peter zu und sagte bei der Inaugenscheinnahme seiner rot-blau angelaufenen Ohren: »Dieser Mann braucht eine Mütze!« So nahmen wir rasch Abschied von meinem Urgroßonkel und fuhren zügig zum berühmten Moskauer Kaufhaus GUM, das ganz in der Nähe unseres Hotels lag. Peter bekam seine Mütze, das Blaurot seiner Ohren verschwand nach kurzer Zeit und ward zumindest während dieser Reise nicht mehr gesehen.

Der Tag endete wie unser Ankunftstag. Elem genoss Wodka und Peter die schwere russische Küche. Für den folgenden Tag hatte Elem wieder eine außergewöhnliche Begegnung für uns arrangiert. In der gerade gegründeten Gorbatschow-Stiftung trafen wir Alexander Jakowlew, den engsten Vertrauten von Michail Gorbatschow während dessen Präsidentschaft und der entscheidende Ideengeber für Gorbatschows Reformpolitik der Perestroika.

Wir begegneten einem außergewöhnlich gescheiten Mann, der uns an einem Schreibtisch mit auf der Brust verschränkten Armen gegenübersaß und uns während des gesamten Gesprächs mit seinen hellwachen Augen unter seinen buschigen schwarzen Augenbrauen ebenso freundlich wie neugierig ansah. Er ließ uns wissen, dass auch Michail Gorbatschow bereit sei, an der Dokumentation mitzuwirken, und es entwickelte sich ein angeregtes Gespräch zwischen uns dreien. Natürlich kamen wir auf meinen Urgroßonkel Anton Tschechow zu sprechen.

Jakowlew, der in den Achtzigerjahren Botschafter der Sowjetunion in Kanada war, erzählte uns, dass er dort eine Aufführung von Tschechows »Onkel Wanja« mit Peter O'Toole in der Hauptrolle besucht habe. Er habe zwar Peter O'Toole erkannt, hätte aber »Onkel Wanja« vermisst. Dieses Stück könne man – so beendete er seine Ausführungen – nur in Russland und mit russischen Schauspielern aufführen.

Das war der einzige Moment von traditionellem National-stolz, den Peter und ich bei Alexander Jakowlew erlebten. Ansonsten trafen wir auf ein weltoffenes und gebildetes Ex-Mitglied des Politbüros der KPdSU. Nach seinem Austritt aus der kommunistischen Partei hatte Alexander Jakowlew die Stiftung für internationale Demokratie gegründet, die er bis zu seinem Tod im Jahr 2005 leitete.

Für unseren dritten Tag in Moskau aber bescherte Elem uns den Höhepunkt der Reise – die Begegnung mit Eduard Schewardnadse. Wenige Wochen, nachdem wir ihn im Institut für internationale Beziehungen in Moskau getroffen hatten, übernahm Schewardnadse die Regierungsgeschäfte in Georgien – bis 1995 als Staatsratsvorsitzender, danach, bis 2003, als Präsident.

Das Besondere an unserem Gespräch mit dem letzten Außenminister der Sowjetunion waren die Offenheit und Herzlichkeit, in der es stattfand. Trotz einer Reihe von ernsten Themen, die wir besprachen, haben wir viel gelacht. Als ich zu Schewardnadse sagte, dass er mich an Federico Fellini erinnere, den ich einmal kennengelernt hatte, musste er schmunzeln.

Am Ende unserer Unterredung betonte Schewardnadse noch einmal seine Bereitschaft, an meiner Dokumentation mitzuwirken, ergänzte aber eher scherzhaft als ernst gemeint, dass er dies nur tun würde, wenn ich auch ein Porträt über seinen Freund Hans-Dietrich Genscher machen würde. Ich versprach es und lachend verabschiedeten Peter und ich uns von dieser großen Persönlichkeit. Am Abend besuchten wir eine Aufführung des berühmten Bolschoi-Balletts und flogen am anderen Tag zurück nach Berlin.

Im August zerplatzte leider mein Traum von der ersten

Regiearbeit. Es stellte sich heraus, dass der Produzent sein vollmundig gepriesenes Finanzierungskonzept in keiner Weise realisieren konnte. Zur Verdauung dieses Niederschlags und um die Gedanken wieder freizupusten, fuhren Peter und ich in den Schwarzwald, um dort auf der herrlich gelegenen »Bühlerhöhe«, die für die nächsten zwei Jahrzehnte unser Ruhepol werden sollte, Urlaub zu machen.

* * *

Was führte uns immer wieder in diese gesegnete badische Region? Zum Glück sind Peter und ich, bei aller Liebe zur urbanen Kultur, Landmenschen. Fasziniert haben uns vor allem die schöne Landschaft und die langen Spaziergänge, bei denen wir selten Menschen, dafür häufig Reh- und Rotwild begegneten. Bei Sonnenschein entfaltet die Gegend ihre ganze Schönheit. Ich erinnere mich noch genau an einen Tag im Oktober, als wir von einem Hügel aus die gegenüberliegende »Bühlerhöhe« betrachteten. Sie war umrahmt von Bäumen, auf deren bunte Herbstblätter die Abendsonne schien. Wie aus einem Munde sagten Peter und ich: »Indian Summer im Schwarzwald!«

Wenn wir dann, zum Abschluss unserer Wanderung, leicht erschöpft, aber guter Dinge, in unser Lieblingsrestaurant »Zur Traube« in Neuweier einkehrten und bei Kuno badische Küche und badischen Wein genossen, war die Welt für uns perfekt. Baden hat es uns überhaupt angetan, und da wir beide sehr wetterfest sind, waren Peter und ich dort zu jeder Jahreszeit und bei jedem Wetter auf der Pirsch.

Nachdem Körper, Geist und Seele auf diese Weise durchlüftet waren, wurde uns klar, dass nicht nur das Finanzierungskonzept unrealistisch, sondern das ganze Projekt zu aufwendig gewesen war. Ich hatte einfach zu viel auf einmal gewollt. In der Euphorie des Augenblicks haben Peter und ich unsere Möglichkeiten überschätzt.

So kamen wir auf die Idee, uns auf eine Persönlichkeit zu konzentrieren: auf Eduard Schewardnadse, der gerade Staatsoberhaupt in Georgien geworden war. Von den vieren, die wir ursprünglich ausgewählt hatten, war er mir wahrscheinlich am nächsten. Ich mochte ihn einfach wegen seiner Klugheit, seiner Bescheidenheit, seiner Klarheit – und wegen seines großen Humors.

Mit Elan begannen wir, das Drehbuch umzuschreiben, doch es blieb die bange Frage, wer das ganze Vorhaben finanzieren sollte. Anfang September folgten Peter und ich einer Einladung zum abendlichen Empfang in die russische Botschaft Unter den Linden, in der wir seit einiger Zeit häufig zu Gast waren. Als Ersten trafen wir – wie auch bei unserem Besuch der deutschen Botschaft in Moskau während unserer ersten Reise dorthin – Heinz Galinski, damals Präsident des Zentralrats der Juden in Deutschland.

Es war wie immer ein großes Vergnügen, mit ihm zu plaudern, und wir drei mussten herzhaft lachen, als Galinski fragte, was es eigentlich zu bedeuten habe, dass wir uns immer auf russischem Boden treffen.

Warum auch immer: Man muss Gelegenheiten beim Schopfe packen. So auch diesmal. Während unserer Gespräche im Verlauf des Abends stieß mich Peter auf einmal an und deutete auf einen Gast namens Horst Schättle, damals Programmdirektor des Sender Freies Berlin. Ich weiß noch wie heute, dass Peter sagte: »Komm, wir gehen zu Schättle und fragen ihn wegen Schewardnadse. Das taten wir dann auch und kamen sofort mit dem ebenso geistreichen wie witzigen Fernsehjournalisten ins Gespräch.

Mein Vorhaben, über Schewardnadse in Georgien eine Dokumentation zu drehen, fand er sehr interessant und lud uns zu einem Gespräch für die nächsten Tage in sein Büro ein. Um es kurz zu machen: Schättle stimmte einer Produktion des Films durch den SFB zu und so flog ich mit einem kleinen Team im November 1992 über Moskau nach Tbilissi, deutsch: Tiflis, der Hauptstadt Georgiens.

In den beiden Monaten zuvor hatte ich gemeinsam mit zwei klugen Herren das Drehbuch überarbeitet: meinem ersten Ehemann Vadim und Peter. Während dieser Arbeit begannen sich die beiden langsam, aber stetig, anzufreunden. Gemeinsam schufen wir ein sehr ordentliches Drehbuch. Aber dann kommt immer noch die Wirklichkeit.

Trotz der sorgfältigen Vorbereitung durch die georgische Kollegin, die Drehbuchautorin und Regisseurin Nana Djordjadze waren die Dreharbeiten von vielen Hindernissen begleitet. Hauptgrund war der georgisch-abchasische Krieg um die Unabhängigkeit Abchasiens, der ausgerechnet von August 1992 bis September 1993 tobte. Wir waren mittendrin. Das wurde uns sofort bewusst, als wir die von Nana für uns vorbereitete Pension bezogen: Die Energieversorgung des Bezirks, in dem wir wohnten, war zusammengebrochen, sodass wir auf warmes Wasser und Heizung verzichten mussten – und das bei winterlichen Temperaturen.

Nach drei Tagen konnten wir endlich umziehen. Nachdem Nana Edward Schewardnadse von unserem Missgeschick berichtet hatte, ließ er uns sofort Zimmer im Gästehaus der georgischen Regierung vorbereiten. Ich weiß noch wie heute, welch großes Glücksgefühl ich erlebte, als ich meine Hände ins warme Wasser halten konnte. Es blieb jedoch bis zum Ende eine Arbeit unter erschwerten Bedingungen. Doch dank der Unterstützung Nanas als großartige und unermüdliche Produktionsleiterin haben wir alles geschafft, was wir uns vorgenommen hatten.

Trotz der extremen physischen und psychischen Belastung von Schewardnadse nicht nur wegen des Bürgerkriegs, sondern auch wegen seines großen Ziels, sein Land zu einer Demokratie umzugestalten, schaffte es Nana immer wieder, ein Gespräch zwischen Schewardnadse und mir zu organisieren. Das erste fand in seinem Büro morgens um sage und schreibe vier Uhr statt. Ein anderes Mal wurden wir um Mitternacht in sein bescheidenes Haus gebeten, um ihn und seine reizende Frau zu treffen.

Was mir in Erinnerung geblieben ist? Ein Land voller geografischer Extreme – vom schneebedeckten Kaukasus bis zum subtropischen Klima am Schwarzen Meer. Ähnlich bei den Menschen: Es gibt südländische Hitzköpfe, aber auch hilfsbereite und sehr gastfreundliche Zeitgenossen.

Bei allen Aufnahmen führte unser großartiger Freund, der kürzlich viel zu früh verstorbene David Slama, die Kamera. David hatte sich am dritten Drehtag eine Magen-Darm-Verstimmung zugezogen. Der Arme litt furchtbar, so furchtbar, wie Männer typischerweise bei dieser Art von Beschwerden leiden. Auch hier war Nana sofort zur Stelle. Ihre Therapie erinnerte mich an meinen Großvater Mischa Tschechow. Denn Nana bestand darauf, dass in diesem Fall nur ein Rezept des Anthroposophen Rudolf Steiner helfen würde, den sie wie mein Großvater verehrte. Und so kam sie mit einem Topf heißer Kartoffeln, die sie dem leidenden David auf den

Bauch legte. Und siehe da, am nächsten Morgen war David wieder putzmunter.

Nach der Rückkehr aus Georgien fuhren Peter und ich wieder auf unsere geliebte »Bühlerhöhe«. Auf dem Weg dorthin machten wir halt in Bonn, um für meinen Film ein Interview mit Schewardnadses Freund Hans-Dietrich Genscher zu führen. Einige Monate zuvor war Genscher nach achtzehn Jahren als deutscher Außenminister auf eigenen Wunsch aus der Bundesregierung ausgeschieden.

Er fühle sich weder erschöpft noch sei er amtsmüde geworden. Seine Entscheidung resultierte aus einer für ihn typischen Haltung, die er so formulierte:»Jetzt bin ich 65 Jahre alt und habe den Weg Deutschlands zur Wiedervereinigung wesentlich mitgestaltet. Meine Arbeit ist somit zu einem gewissen Abschluss gekommen. Damit wird es Zeit, den Platz für Jüngere freizumachen, denn ihnen gehört die Zukunft!«

* * *

Mein Gespräch mit Hans-Dietrich Genscher in Bonn war die helle Freude. Wir haben viel gelacht. Vor allem aber faszinierten mich der klare, weitsichtige Verstand dieses Mannes, seine offene Art, seine Klugheit und seine Bescheidenheit. Als ich ihm sagte, dass ich Schewardnadse versprechen musste, auch eine Dokumentation über ihn zu machen, und ich ihm den Titel *Genscher – mein Halle* vorschlug, stimmte er auf der Stelle zu.

So konnten Peter und ich entspannt und bester Stimmung in unseren geliebten Schwarzwald fahren, wo wir, neben den Ferienfreuden, sofort mit den Recherchen für ein neues Projekt begannen. Doch es sollte wiederum beinahe ein Jahr vergehen – mit ähnlichen Hindernissen wie bei meinem ersten Film – bis der Sender Premiere in Gestalt unseres Freundes Jochen Kröhne mich beauftragte, den Film zu machen.

Anfang 1994 begannen wir mit den Dreharbeiten in Halle. Eine Stadt, die zwar im Zweiten Weltkrieg beinahe unzerstört geblieben war, aber dennoch kurz nach der Wiedervereinigung ein trauriges Bild bot. Halle war ein Musterbeispiel dafür, wie ein totalitäres Regime ein Land verkommen lassen, in den Ruin treiben kann. Der Schauspieler, Regisseur und Theaterintendant Peter Sodann, viele Jahre »Tatort«-Kommissar, hatte Peter und mich bei unseren Recherchen bestens mit Gegenwart und Geschichte von Halle vertraut gemacht, sodass der Film auch zu einem Porträt einer Stadt wurde, die sich nach einem jahrzehntewährenden Verfall wieder im Aufbruch zu dem kulturellen Zentrum befand, das sie einmal war. In meinen Gesprächen mit Hallensern spürte ich die Energie und Vitalität, Dinge verändern zu wollen. Die Stimmung in der ganzen Stadt war geprägt vom Willen, Halle wieder schön zu machen.

Die Krönung und das Licht aber war Hans-Dietrich Genscher – einfach ein Schatz. Geduldig machte er alles mit, worum wir ihn baten. Und die Hallenser liebten ihn, sie sahen und fühlten, dass er einer von ihnen ist. Er war für sie der Hans-Dietrich und nicht der Genscher. Sie wussten, was er für die Stadt und das Land geleistet hatte, und gaben ihm das zu verstehen.

* * *

Noch im selben Jahr folgte mein nächster Film, wieder für den Pay-TV-Sender Premiere: *Klaus Maria Brandauer –*

Ansichten eines Räuberhauptmanns hieß er. »Theater oder Film, Schauspieler oder Regisseur – treu bleiben tu ich mir nicht, noch nicht!«, sagte der großartige und erfolgreiche Künstler damals zu mir und so hat er es bis heute gehalten.

Peter und ich hatten das Drehbuch geschrieben und zum ersten Mal begannen wir im Sommer mit der Arbeit. Neben den Studios Babelsberg, in denen Brandauer gerade mit der Endfertigung seiner Regiearbeit, der Thomas-Mann-Verfilmung *Mario und der Zauberer*, beschäftigt war, drehten wir in der österreichischen Heimat von Klaus, dem wunderschönen Altaussee in der Steiermark. Trotz der Arbeit konnten mein Team und ich die zauberhafte Bergwelt um den Altausseer See in vollen Zügen genießen.

Klaus Maria Brandauer erwies sich als Fremdenführer von hoher Professionalität. Er führte uns geistreich und mit witzigen Anekdoten durch seine Geschichte und die seiner Region. So erzählte er uns von seinem väterlichen Altausseer Freund Friedrich Torberg (»Die Tante Jolesch«), einem bedeutenden Schriftsteller und Publizisten. In der Emigration hatte Torberg, dessen Mutter und Schwester von den Nazis ermordet wurden, das traurige, aber auch sehr schöne Gedicht »Sehnsucht nach Altaussee« geschrieben. Brandauer ließ es sich nicht nehmen, uns dieses Gedicht in voller Länge vorzutragen:

»Wieder ist es Sommer worden,
dritter, vierter Sommer schon.
Ist es Süden, ist es Norden,
wo ich von der Heimat wohn?
Kam ich auf der wirren Reise

nicht dem Ursprung wieder nah?
Dreht die Welt sich noch im Kreise?
Ist es Sommer dort wie da?

Gelten noch die alten Strecken?
Streben Gipfel noch zur Höh?
Liegt im bergumhegten Becken
noch der Altausseer See?

Bot sich einst dem Blick entgegen –
spiegelschwarz und wunderbar.
Himmel war nach manchem Regen
bis zum Dachsteingletscher klar!

Kulm und Kuppe noch die kleinen
hielten Wache rings im Land.
Aufwärts ragten grün und steinern
Moosberg, Loser, Trisselwand.

Ins Plateau zu hohem Rahmen
wölbte sich die Pötsche schlank,
und es wuchsen die Zyklamen
nur auf ihrem drübern Hang.

Ach, wie war ich aller Richtung,
sommerlich vertrautes Kind!
Ach, wie war mir Wald und Lichtung
Bach und Mulde wohlgesinnt!

Treibt's mich heut zur See, zur Klause?
Treibt's mich auf die Blaa-Alm hin?

Wird's beim Fischer eine Jause,
wird's ein Gang zur Wasnerin?

Wo die Triften sanft sich neigen
Vom Geröll zum Flurgeheg –
ach, wo ist's, dass sich verzweigten
Hoffmansthal und Schnitzlerweg?

Ach, wo hat's mich hingetrieben!
Pötschen weiß ich und Plateau.
Aber welcher Hang ist drüben?
Aber die Zyklamen – wo?«

Das beeindruckte Peter und mich dermaßen, dass wir es wenige Monate später Peter Drucker, ebenfalls gebürtiger Österreicher, zum Geburtstag in die USA sandten. Tags darauf erhielten wir einen mehrseitigen Dankesbrief mit vielen Altausseer Kindheitserinnerungen.

Eine der vielen Anekdoten, die uns Klaus Maria Brandauer aus seiner Heimat erzählte, setzen Peter und ich, wenn es passt, bis heute gerne ein, um uns und andere aufzuheitern. Zum Beispiel damit: Der »Loser« ist einer der Berge, die Altaussee umranden. Das Gasthaus am Berg gehört, wie soll es anders sein, dem Loserwirt. Es wurde erzählt, dass dieser Wirt vor seiner Tür eine Schiefertafel aufgestellt hatte, auf der die Speisen sorgfältigst aufgelistet waren. Unter dieser Liste stand der Hinweis: *Von 12 bis 14 Uhr Mittagstisch.* Als eines Tages eine Gruppe von durstigen und hungrigen Wanderern beim Loserwirt anklopfte, öffnete er die Tür und fragte, was die Herrschaften wollten. Als sie antworteten, dass sie zum Mittagstisch möchten, wie es an der Tafel geschrieben stehe, antwortete der Wirt im Brustton der Überzeugung: Mit dem Mittagstisch sei er selbst gemeint und nicht irgendwelche Gäste. Sprach's, drehte sich um und schloss kopfschüttelnd die Tür hinter sich. Eine Eulenspiegelei mit einem großen Schuss Karl Valentin.

* * *

Kaum hatte ich die Arbeiten an dem Brandauer-Porträt abgeschlossen, konnte ich schon mit der Recherche für meinen nächsten Film beginnen. *Katja Riemann – ich hab erst Halbzeit* lautete der Titel. Katja lernte ich bei den Dreharbeiten zu meinem letzten Auftritt vor der Kamera kennen. Der Fernsehfilm hieß *Schuldig auf Verdacht*. Katjas Lebensgefährte Peter Sattmann und ich spielten die Hauptrollen. Ich wusste von Katjas bemerkenswerter Theaterkarriere an den Münchner Kammerspielen und am Schillertheater in Berlin. Im Kino hatte sie gerade großen Erfolg mit den Filmen *Abgeschminkt* und *Der bewegte Mann*.

Es war jene Zeit Mitte der Neunzigerjahre, als in Deutschland urplötzlich die Filmkomödien boomten. Eine neue, ironische Leichtigkeit zog ein, in der auch Harald Schmidt mit seiner satirischen »Late Night Show« reüssierte. Überall schossen sogenannte »Comedians« aus dem Boden, die sich dann in der »RTL Samstag Nacht« trafen – all das nur wenige Jahre nach der ja nicht ganz undramatischen Wiedervereinigung. Die Legende von den humorlosen Deutschen hatte allerdings vierzig Jahre zuvor schon Heinz Erhardt erledigt…

Katja Riemann jedenfalls konnte mit gerade dreißig Jahren schon auf eine bemerkenswerte Schauspielkarriere zurückblicken. Ich erinnere mich noch gut, wie Katja und ich uns zum ersten Mal begegneten. Es war bei einem ihrer Besuche bei Peter Sattmann. Mein Peter und ich saßen in der Garderobe und auf einmal stand Katja im Raum und fragte, wo denn ihr Peter bleibe. Binnen Kurzem waren wir beide in ein Gespräch vertieft und stellten rasch unsere gemeinsame Wellenlänge fest. Sie war energisch, herzlich, voller Elan, liebenswert, klug, eine harte, hochengagierte Arbeiterin und immer bereit, auch mal anzuecken, also all das, was die Attribute einer starken Frau ausmachen.

Es war ihre kraftvolle, im Werden begriffene Persönlichkeit, die mich sofort anzog und deren Geschichte und Erwartungen für die Zukunft mich interessierte. Ich weiß es nicht mehr genau, aber Peter meint, dass ich noch am selben Tag mit Katja verabredet habe, einen Film über sie zu drehen, ohne dass ich eine Idee hatte, welcher Sender das finanzieren und ausstrahlen würde.

Das sollte sich aber bald ändern, denn der Zufall, meine ambulante Glücksgöttin, wollte es, dass im Jahr 1995 der Sender TM3 gegründet wurde, ein Sender, der sich vor allem an Frauen richtete. Geschäftsführer wurde mein alter Freund aus Premiere-Zeiten, Jochen Kröhne. Er gab mir den Auftrag und so konnte ich meine vierte Dokumentation innerhalb von vier Jahren drehen.

Es war für mich eine inspirierende Begegnung mit einer tollen jungen Frau, die einer großen Karriere entgegenging, die bis heute anhält. Ein Jahr nach meinem Filmporträt erhielt Katja den Ernst-Lubitsch-Preis für ihre Rolle in dem Film *Stadtgespräch*.

THERE IS NO SUCH THING AS »WORK-LIFE-BALANCE«

Die Neunzigerjahre waren für Peter und mich besonders arbeitsreich. Ich drehte einen Film nach dem anderen und Peter arbeitete als geschäftsführender Gesellschafter der Managementberatung Delta ohne Rücksicht auf Wochenenden und Urlaub. Peters Vorteil war, dass er sich seit vielen Jahren daran gewöhnt hatte, im Liegen und Fliegen zu arbeiten – manchmal jedoch bis an meine Schmerzgrenze. Mit Schaudern denke ich an einige Wanderungen im Schwarzwald zurück, bei denen Peter pausenlos telefonierte. Das Handy, manchmal schlimmer als der *Fluch der Karibik* Teil 1 bis 6 ...

Dagegen waren unsere Urlaube in Kalifornien wegen des Zeitunterschieds für mich die reinste Erholung. Hier endeten Peters Telefonate in der Regel um zwölf Uhr mittags. Trotz dieser doppelten Stresssituation gingen wir bei unseren Berufen niemals getrennte Wege, im Gegenteil: Peter und ich unterstützten uns gegenseitig, gaben uns Anregungen und profitierten in unserer Arbeit voneinander. Peter stärkte mir den Rücken vor allem beim Drehbuchschreiben. Er wiederum hatte durch mich einen ganz anderen Zugang zu vielen Medienunternehmen, speziell zu Filmproduktionen, Filmverleihen und TV-Sendern, die er als Berater begleitete.

Allerdings hatten wir beide stets darauf geachtet, dass unsere Lebensführung nicht in *Workaholism* abgleitet, in manische Arbeitssucht bis zum depressiven Burn-out. Nicht unsere Sache. Mindestens einmal im Jahr verbrachten wir einen langen Urlaub in Kalifornien und zweimal waren wir für mehrere Tage auf der »Bühlerhöhe«. Auch zu Hause in Berlin verlief unser Leben keineswegs in einer abgeschotteten Arbeitswelt spartanischer Enthaltsamkeit. Sportliche Aktivitäten, lange Spaziergänge, viel Lesen und fröhliche Verabredungen mit lieben Freunden bei gutem Essen und guten Weinen – so viel Hedonismus ist unabdingbar, will man das Leben nicht verpassen.

Und dann gab es noch zwei sehr liebenswerte Menschen vom Niederrhein. Wir besuchten Peters Eltern, so oft wir konnten. Auch wenn wir in der Nähe beruflich zu tun hatten, machten wir einen Abstecher dorthin. Die beiden lebten in der Kleinstadt Homberg am Rande des Ruhrgebiets, ehemals zum Kreis Moers gehörig, mittlerweile in die Stadt Duisburg eingemeindet. Die Menschen dort, wie auch Peter und seine Eltern, fühlen sich zum linken Niederrhein gehörend, Richtung Xanten, Kleve, an der Grenze zu den Niederlanden. Eine ganz besondere Spezies.

Bei unseren Besuchen begegneten wir auch einigen von Peters Jugendfreunden. Die herzliche Begrüßung nach so vielen Jahren überraschte mich. Peters Freunde entstammten höchst unterschiedlichen Milieus, mit Betonung auf »höchst unterschiedlich«. Peter nannte sie, sich eingeschlossen, in Anlehnung an den Kabarettisten Hanns Dieter Hüsch, da selbst in Moers geboren, »meine schwarzen Schafe vom Niederrhein« – für mich eine euphemistische Umschreibung von Rabauken, wie ich bereits nach wenigen Worten, die ich mit einigen schwarzen Schafen wechselte, schnell erkannte. Peters Eltern waren zwei reizende, bescheidene Menschen, die am Rande der Stadt in einem kleinen Haus wohnten, das er ihnen geschenkt hatte. Die Mutter – eine energische alte Dame – servierte uns, wann immer wir kamen, feine Lammhaxe und ihren vorzüglichen Käsekuchen. Peters Vater war zu der Zeit, als ich ihn kennenlernte, schon sehr gezeichnet von einer schweren Parkinson-Krankheit. Dass er wie Peter lebensfroh und den schönen Dingen zugewandt war, blitzte nur ganz selten auf. Ebenso sein Sinn für äußerst schrägen Humor. Einmal legte Peter für ihn eine DVD des Helge-Schneider-Films *Doc Snyder hält die Welt in Atem* ein. Man sah seinem Vater an, wie sehr ihn das amüsierte. Als seine Frau hereinkam und rief:»Das ist ja furchtbar! Macht das aus!«, bestand er darauf, sich die Klamotte bis zum Schluss anzusehen.

Bald darauf starb Peters Vater an den Folgen seiner schweren Krankheit. Peters Mutter, die ihren Mann über mehr als zehn Jahre nahezu allein gepflegt hatte, blieb in dem Haus in Homberg. Überlegungen, zu uns nach Berlin zu ziehen, verwarf sie mit den Worten:»Einen alten Baum verpflanzt man nicht!« Unsere Besuche dorthin aber wurden nicht weniger und Peters Mutter genoss es über viele Jahre sehr, mit uns die Weihnachtstage im Schwarzwald auf der »Bühlerhöhe« zu verbringen. Sie starb wenige Monate vor ihrem neunzigsten Geburtstag.

Peter liebt das Ruhrgebiet und den Niederrhein. Besonders eines lässt ihn seit frühen Kindertagen nicht los: der

Fußballclub Schalke 04. Mit gerade mal vier Jahren wurde er von seinem Vater in die blau-weiße Welt eingeführt. Als ich ihn kennenlernte, war er Mitglied im Verwaltungsrat des Traditionsvereins. Mit dem damaligen Vorsitzenden Jürgen Möllemann verbrachten wir ein paar sehr anregende Stunden. Irgendwann später erzählte mir Peter, dass sein Schalke-Freund Heribert Bruchhagen, später Vorstandsvorsitzender von Eintracht Frankfurt, nachdem er von unserer Beziehung erfahren hatte, den legendären Fußballtrainer Otto Rehhagel anrief und fragte, ob eine gewisse Vera Tschechowa so weit in Ordnung sei. Rehhagel, nicht ganz im Film, fragte sicherheitshalber bei meinem Freund, dem Regisseur Jürgen Flimm, nach. Als der ohne längeres Zögern mitteilte, ja, ich sei okay, gab Rehhagel grünes Licht. Bruchhagen soll dann gegenüber Peter unsere Beziehung offiziell abgenickt haben. So streng sind die Bräuche unter Fußballkameraden.

* * *

Nach Abschluss meiner Dokumentation über Katja Riemann hatte ich gerade eine kleine Verschnaufpause, als unser Freund Dieter Laser mir erzählte, dass er mit Armin Mueller-Stahl bei dessen erster Regiearbeit, dem Kinofilm *Conversation with the Beast*, eine Rolle als Hitler-Double angenommen habe. Armin Mueller-Stahl sei doch, so Dieter, die ideale Persönlichkeit für ein weiteres Filmporträt. Nach seiner Ausreise aus der DDR 1980 und der Fortsetzung seiner großen Karriere in der Bundesrepublik wurde er auch von Hollywood-Produktionen *(Night on Earth)* engagiert und erhielt sogar eine Oscar-Nominierung als bester Nebendarsteller.

Ich schätzte Armin Mueller-Stahl seit Langem als groß-artigen Schauspieler und vielseitigen Künstler. Wir hatten sogar einmal zusammen in einem Film gespielt, sind uns aber – wie das gar nicht selten vorkommt – bei diesen Dreh-arbeiten nie begegnet. Jahre später traten wir beide dann gemeinsam in einer SFB-Sendung auf und haben ein paar Höflichkeiten ausgetauscht. Wir kannten uns also flüchtig. Das änderte sich bei den Dreharbeiten zu meinem Film über ihn, denn es entwickelte sich eine tiefe Freundschaft zwi-schen Armin und seiner Frau Gabi zu Peter und mir, die bis heute Bestand hat.

Im Sommer 1996 bereitete Dieter Laser ein erstes Treffen mit Armin vor, der zu meiner großen Freude grundsätzlich zugestimmt hatte, für eine Doku zur Verfügung zu stehen. An einem frühen Sommerabend trafen Peter und ich ihn in einem Gartenrestaurant am Griebnitzsee zum ersten Mal. Unser Treffpunkt gehörte zum Anwesen des kleinen Hotels, in dem Armin wohnte. Er hatte diese Unterkunft gewählt, weil er von dort die Babelsberger Studios, in denen die Nach-bearbeitung seines Films stattfand, zu Fuß erreichen konnte.

Als Peter und ich den Hotelgarten betraten, erkannten wir ihn schon von Weitem: Er saß an einem der Tische direkt am Wasser. Er trug einen Strohhut, einen hellen Sommeranzug und sein Blick war auf das Treiben im Wasser gerichtet. Peter und ich schauten uns an und wie aus einem Munde sagten wir:»Da sitzt ja Anton Tschechow!« Dem großen Tschechow-Verehrer teilten wir natürlich sofort unseren Eindruck mit und schon begann ein langes, intensives Gespräch.

Conversation with the Beast ist eine bitterböse schwarze Komödie. Im Mittelpunkt der Handlung steht Adolf Hitler (Armin Mueller-Stahl), mittlerweile hundertdrei Jahre alt, der mit seiner Frau (Katharina Böhm) in einem Kellergewölbe in der Berliner Kantstraße haust.

Der Film wurde von der Kritik sehr unterschiedlich aufgenommen. Die Moralisten unter ihnen lehnten ihn ab. Sie machten es sich ziemlich einfach: »Hitler als Witzfigur« – das sei »eine Ohrfeige für die Opfer«!

Zur selben Zeit kam mein Porträt über Armin ins Fernsehen. Der Kritiker und Regisseur Hans-Christoph Blumenberg schrieb in der *ZEIT*: »Geht am Ostseestrand spazieren, der Mann, die Haare im Wind, grau das Meer, grau der Schädel, grau die Windjacke. Dazu ein paar Sätze aus dem Off, aus dem Stegreif, aus der Erfahrung: ›Leben bleibt anstrengend bis zum Schluss ... Man muss weiter unterwegs sein und sich nicht vom Alter einschüchtern lassen.‹ So beginnt ein Film über Armin Mueller-Stahl, den Vera Tschechowa im Herbst für Arte gedreht hat: *Jetzt ist Sonntag angesagt* – ein kluges, genaues Porträt des großen Kollegen, der im zarten Alter von fünfundsechzig Jahren zu neuen Ufern aufgebrochen ist.«

ZU GAST BEI ALEXIS SORBAS: ANTHONY QUINN LÄSST BITTEN

Im Frühjahr 1997 machten Peter und ich unsere obligate Reisetour durch Kalifornien. Erstes Ziel war, wie so oft, Los Angeles, von dort aus besuchten wir die Druckers in Claremont. Danach fuhren wir über unsere Hausstrecke, den Highway No. 1, in unsere geliebten Carmel Highlands. Damals ahnten wir nicht, dass wir noch im selben Jahr ein weiteres Mal in die USA reisen würden, allerdings mit einem anderen Ziel.

Wenige Wochen nach unserer Rückkehr aus Kalifornien erhielt ich einen Anruf meiner Freundin Susanne Matz. Sie hatte mein Porträt über Armin Mueller-Stahl gesehen und fragte mich, was ich denn als Nächstes vorhätte. Als ich erwiderte, dass ich noch keinen konkreten Plan habe, fragte sie mich, ob ich nicht mal etwas über Anthony Quinn machen möchte. Sie könnte über einen Freund in New York zu Quinn Kontakt aufnehmen.

Die Idee reizte mich sofort, nicht nur wegen des großartigen Schauspielers, sondern auch, weil mein Großvater Michail Tschechow Quinns Schauspiellehrer gewesen war.

Außerdem hatte ich vor langer Zeit in Rom eine kurze persönliche Begegnung mit Anthony Quinn gehabt, als Vadim dort unter der Regie von Bertrand Tavernier den Film *Death Watch* drehte.

Einer seiner Filmpartner war Max von Sydow, mit dem Vadim und ich eines Abends in einem Restaurant saßen. Auf einmal betrat Anthony Quinn das Lokal und ging schnurstracks auf unseren Tisch zu. Als Max ihn auf sich zukommen sah, stand er sofort auf, und es folgte ein Dialog, den ich nicht vergessen werde. Die beiden schüttelten herzlich ihre Hände und Anthony Quinn sagte zu Max:»I adore you!« Darauf antwortete Max von Sydow leicht errötend:»I adore you, too.« Gegenseitige Bewunderung zweier Weltstars. Nachdem Max uns Quinn vorgestellt hatte, verabschiedete er sich und ging zu seinem Tisch.

Gründe genug also, um mich in das nächste Projekt zu stürzen. Wie immer ging es zunächst darum, einen Sender oder eine TV-Produktion zu finden, um die Finanzierung zu sichern – der eigentlich schwierigste Teil der Arbeit. Parallel zu dieser häufig frustrierenden Aufgabe begann ich, wie immer unterstützt von Peter, mit meinen Recherchen über Anthony Quinn. Wir schauten uns Filme an und lasen Bücher über und von ihm. Ich weiß noch, wie Peter eines Abends aufgeregt mit der Quinn-Autobiografie *One man tango* an meinen Schreibtisch kam und sagte:»Schau dir an, was der über deinen Großvater gesagt hat: ›I owe him my life!‹ – *Ich schulde ihm mein Leben.*«

Cassian von Salomon, damals Chef von *Spiegel TV,* fand Gefallen an dem Projekt und erteilte mir den Auftrag. Im Oktober 1997 machten wir uns mit einem dreiköpfigen Team von *Spiegel-TV* wieder auf den Weg in die USA, diesmal an die Ostküste. Ein Mitglied dieses Teams war der Kameramann Reiner Bauer, der zu einem lieben Freund wurde und mit dem ich noch einige Filme drehen sollte.

Da ich stets unter den Jetlag-Folgen leide, flogen Peter und ich einige Tage vor dem Team nach Boston. Peter war auch mit dieser Stadt bestens vertraut, während ich sie noch nicht kannte, obwohl mein Sohn Nick dort an der berühmten Musikhochschule studiert hatte. Für unsere Rückkehr nach Boston vom Dreh mit Quinn versprachen Peter und ich uns gegenseitig, Nicks hoch angesehene Ausbildungsstätte zu besuchen. Nach zwei Tagen in Boston fuhren wir weiter nach Providence, der Hauptstadt von Rhode Island und trafen dort unser Team.

Anthony Quinn lebte mit seiner Familie im nahe gelegenen Bristol, einer reichen Kleinstadt an der Narragansett Bay, einer der zahlreichen Buchten an der amerikanischen Ostküste. In Providence erwartete mich ein erstes Telefonat mit Anthony Quinn. Bis dahin hatte ich weder schriftlich noch mündlich mit ihm kommuniziert. Alles lag in der Hand des amerikanischen Freundes meiner Freundin Susanne. Dieser Zustand beunruhigte mich zwar ein wenig, aber es schien alles nach Plan zu laufen.

Das Telefonat mit Quinn bestätigte allerdings das ungute Gefühl, das ich hatte. Er erklärte mir, dass er momentan dermaßen belastet sei und wohl keine Zeit finden würde, mit mir zu drehen. Ich könne ja mal bei ihm zu Hause vorbeikommen, doch sollte ich mir keine allzu großen Hoffnungen machen.

Das war natürlich ein Schlag ins Kontor. Peter und ich behielten jedoch die Ruhe und fuhren mit unserem Team nach Bristol, um die Stadt und die Umgebung nach Motiven zu erkunden. Vom Telefonat erzählten wir den anderen nur so viel, dass am nächsten Tag eine kurze Vorbesprechung im Hause Quinn stattfinden sollte, danach möglicherweise ein erster Dreh.

Am nächsten Tag fuhren wir mit dem Team und leichtem Magengrummeln in die Höhle des Weltstars, der unzählige berühmte Filme gedreht hat, darunter *Sindbad, der Seefahrer, Viva Zapata!, La Strada, Der Glöckner von Notre-Dame, Lawrence von Arabien, Der letzte Zug von Gun Hill, Alexis Sorbas* und *Der alte Mann und das Meer.*

Dem großen Anwesen sah man gleich auf den ersten Blick an, dass es auf eine besonders gelungene Art und Weise das Schöne mit dem Schlichten verband. Eine ältere Dame, die Haushälterin, wie wir später erfuhren, öffnete uns freundlich die Tür und führte uns in einen großen Raum, in dem der Herr des Hauses mit seiner jungen Frau und seinen beiden Kleinkindern zu Mittag aß.

Quinn bat uns, im Garten zu warten, und seine Haushälterin führte uns hinaus. Es war ein wundervoller Anblick, der uns dort erwartete. Die großen Bäume auf den weiten Wiesen erstrahlten bei blauem Himmel und Sonnenschein in der ganzen Farbenpracht des Indian Summer.

Dermaßen fasziniert von dieser Umgebung bemerkte ich nicht, dass Peter mit der Haushälterin tuschelte. Ich sah nur, wie sie mit einem Zettel oder Foto in der Hand eiligen Schrittes ins Haus lief. Wenige Minuten später erschien auf einmal die gesamte Quinn-Familie im Garten. Anthony stürmte auf mich zu, nahm meine Hände und sagte: »Sie hätten sagen sollen, dass Sie die Enkelin eines der wichtigsten Menschen meines Lebens sind! Welch eine Freude. Lassen Sie uns heute noch mit den Dreharbeiten beginnen!«

Was war geschehen? Peter hatte der Haushälterin ein Foto meines Großvaters mit meiner Mutter gezeigt. Dieses Bild, das in meinem Handkoffer lag, hatte Peter, ohne mich zu fragen, einfach eingesteckt. Später erzählte er mir, dass die Haushälterin, als er ihr das Foto zeigte, ihn fragte: »Is this the man, who taught him to dance?«

Peter antwortete: »No, the one who taught him to act.« Darauf sagte die Dame: »Oooh, please give it to me immediately!« und rannte damit ins Haus.

Wie schrieb Quinn in seiner Autobiografie über Tschechow: »I owe him my life!« So hatte das alte Foto meines Großvaters Mischa uns Herz und Haus von Anthony Quinn geöffnet.

Die fünf Tage, in denen wir dort drehten, wurden zu einer sehr persönlichen Begegnung. Immer wieder, auch wenn es nicht passte, kam Quinn auf meinen Großvater zu sprechen. Ich war natürlich glücklich, so viel Neues über Mischa Tschechow zu erfahren, und Quinn liebte es, ausführlich in seinen Erinnerungen zu schwelgen. Berührend war der Moment, als Quinn beim Vorlesen eines Briefes an Federico Fellini und dessen Frau die Tränen kamen.

Am Ende dieser Indian-Summer-Woche verabschiedete sich Anthony Quinn von uns mit großer Herzlichkeit – und nicht, ohne eine weitere Anekdote zum Besten zu geben. Dabei hielt er mich sanft am Arm fest und sagte: »Ihr Großvater war ein solch kleiner, zierlicher Mann, aber wenn er uns unterrichtete, wuchs er immer über sich hinaus und übertrug das auf uns, seine Schüler. So sagte er: ›Wir dürfen nie wie Sancho Pansa unter den Wolken sein, wir müssen immer über den Wolken sein, so wie Don Qijote!‹«

Anthony Quinn hatte recht. Der große Schauspiellehrer

Mischa Tschechow war ein kleiner, zierlicher Mann gewesen, der, wie meine Großmutter Olga erzählte, Schuhgröße 36 hatte und daher ihre Schuhe tragen konnte – allerdings nur die flachen. Dazu war er noch äußerst bescheiden und verabscheute jeglichen Rummel. Große Empfänge waren ihm zuwider.

Während seiner Zeit in England, es war wohl 1937 oder 1938, sollte er wegen seiner künstlerischen Verdienste dem englischen König George VI. vorgestellt werden. »Das mache ich nicht!«, sagte er zu seinem Freund Jura. »Ich will nicht den ganzen Abend in gebückter Haltung im Smoking herumstehen und außerdem halte ich den ganzen Wirbel um mich für unangebracht!« Nach massivem Drängen von Jura ließ mein Großvater diese Tortur dann doch über sich ergehen, beklagte sich aber nach der Audienz über akute Rückenschmerzen.

* * *

Da ich bis dahin nie die Gelegenheit hatte, die berühmte Hochschule meines Sohnes Nick zu besuchen, flogen wir anschließend nach Boston. Am folgenden Tag spazierten Peter und ich durch den Bostoner Symphony Road Community Garden-Park, der direkt an das Berklee College of Music grenzt. Für meinen Sohn Nick war dies nicht nur die entscheidende Station seiner Ausbildung zum Komponisten, hier traf er auch seine große Liebe, die Architekturstudentin Mercedes, die er 1986 in München heiratete.

Natürlich wurde es mir wehmütig zumute, als ich mit all diesen Gedanken im Kopf vor Nicks Hochschule stand. Ich erinnerte mich daran, wie mein Sohn selbstbewusst und sehr bestimmt jede Alternative, wie zum Beispiel die Musikhochschule Graz, ablehnte und darauf bestand, in Boston zu studieren.

Ein Sturkopf war Nick schon als Kind. Etwa, als er mit circa zehn Jahren nach einem Disput mit mir ohne Worte in den Garten ging, um unseren Kirschbaum zu besteigen. Weder durch gutes Zureden noch durch Drohungen ließ er sich dazu bewegen, wieder herunterzuklettern. Erst nach Stunden, bei fortgeschrittener Abenddämmerung, beendete er seinen Hungerstreik und kehrte ins Haus zurück. Er aß zwar genüsslich und mit großem Appetit, sagte aber an diesem Abend kein einziges Wort mehr.

Mit seinen stundenlangen Übungen am Schlagzeug hatte Nick Vadim und mir später manches Mal die Nerven geraubt, aber irgendwann gewöhnten wir uns daran. Trotz seiner großen Begabung ist Nick bis heute ein überaus harter Arbeiter geblieben, der dennoch nie zum »Workaholic« verwilderte und es versteht, sein Leben und das seiner Familie zu genießen. Und immer wieder die Musik. Vor einer Woche schickte Nick uns ein von ihm komponiertes Klavierkonzert, das Peter und mich schon nach wenigen Klängen zu Tränen rührte.

* * *

Nick, meine Schwiegertochter Mercedes und Sohn Leonardo – mein Enkel – sind der Münchner Ableger unserer Familie. Nick ist der ruhende Pol des Dreigestirns. Mercedes, seine Frau, in Venezuela geboren, verbreitet mit ihrem südländischen Temperament stets gute Laune, in Deutschland eher ein rares Gut. Besonders schön ist, dass sie seit einiger Zeit wieder ihrer Passion, der Malerei, nachgeht. Erst kürzlich konnten wir ihre große Begabung an den Bildern in Leonardos Wohnung bewundern.

Leonardo, mittlerweile 28 Jahre alt, hat das Temperament seiner Mutter geerbt und ist nicht nur für seine Eltern, sondern auch für uns seit Kindesbeinen eine Freude. Schon seit seiner frühen Schulzeit kam Leonardo regelmäßig zu uns nach Berlin. Die Hälfte der Zeit verbrachte er mit uns, die andere Hälfte bei seinem Großvater Vadim Glowna.

Während Peter vor allem für die Abteilung Fußball und Blödsinn zuständig war, etwa mit Dreizeilern wie: *Opa und Oma sitzen auf dem Sofa/Oma lässt ein' fliegen/Opa muss ihn kriegen!,* spielte Vadim mit dem Jungen Schach. Er war auch derjenige, der als Erster das große Interesse Leonardos an der Chemie entdeckte und konsequent förderte.

Die Liebe zum Rotwein dagegen, das stellte Leonardo sehr schnell fest, war Vadim und Peter gleichermaßen zu eigen. Als ich den zehnjährigen Leonardo nach einer langen Schachpartie mit Vadim fragte, wie viele Flaschen Wein denn der Opa dabei getrunken habe, antwortete er wie aus der Pistole geschossen: »Mindestens hundert!«

Seiner eigenen Leidenschaft ging er konsequent nach – mit einem Studium der Biochemie. Die Approbation zum Apotheker wurde ihm erst kürzlich erteilt, die Promotion soll folgen. Bis heute nutzen Peter und ich jede Gelegenheit, unsere »Münchner Kindl« zu besuchen.

A REAL MENSCH –
MICHAEL BALLHAUS

Zwei oder drei Wochen nach unserer Rückkehr aus den USA wollte es der Zufall, dass ich einem Menschen wiederbegegnete, der fortan nicht mehr aus Peters und meinem Leben wegzudenken war: Michael Ballhaus, einer der bedeutendsten Kameramänner der Welt, aber vor allem ein wunderbarer Mensch. Immer wieder waren Michael, seine Frau Helga und ich uns begegnet. Zuerst, als Vadim mit ihm arbeitete. Einige Jahre später folgte dann meine Zusammenarbeit mit Michael bei einem Kinofilm, der noch dazu in seiner zweiten Heimat Franken gedreht wurde.

Es war an jenem Novembertag des Jahres 1997, als Peter und ich am späten Mittag im Ristorante »La Cascina« saßen. Peter, der im Gegensatz zu mir – mit meinem Überlandblick, wie er es nannte – das ganze Geschehen um uns herum im Visier hatte, sagte plötzlich ein wenig drängend: »Da vorne verlässt, glaube ich, gerade Michael Ballhaus das Restaurant. Du solltest ihm zumindest guten Tag sagen!«

Etwas widerwillig stand ich auf und lief dem guten Michael hinterher. Auf dem Parkplatz hinter dem Restaurant hatte ich ihn beinahe eingeholt und rief: »Halt, Micha! Stehen bleiben!« Er drehte sich um und sagte erstaunt: »Vera, wo kommst du denn her?« Freudig erwiderte ich: »Das frage ich dich, lieber Micha!« – Im Nu standen wir zusammen und plauderten, als hätten wir uns erst kürzlich gesehen. Dabei waren seit unserer letzten Begegnung Jahre vergangen.

Michael Ballhaus erarbeitete sich als Kameramann Weltruhm. Mit beinahe allen großen Regisseuren der USA hat er zusammengearbeitet – Martin Scorsese, Barry Levinson, Francis Ford Coppola und Robert Redford, um nur einige zu nennen. Er war über die Jahre – zusammen mit seiner Frau Helga – zu einem unserer engsten Freunde geworden.

* * *

Im Jahr darauf fragte er mich, ob ich ihn bei zwei seiner nächsten Arbeiten begleiten möchte. Ich willigte mit Freuden ein. Zunächst sollte ich Micha bei den Dreharbeiten zu *Die Legende von Bagger Vance* begleiten. Regie: Robert Redford, in den Hauptrollen Matt Damon, Will Smith und Charlize Theron. Danach planten wir ein »Making of« des Films *Gangs of New York* von Martin Scorsese. Diese Doku kam allerdings nie zustande, weil der Produzent Harvey Weinstein strikt untersagte, fremde Kamerateams zuzulassen. Einem rasenden Stier aber, der, um den Ernst seiner Anweisungen zu unterstreichen, Telefone aus dem geschlossenen Fenster wirft, sollte man sowieso lieber aus dem Wege gehen. Das haben nicht nur unzählige Frauen schmerzvoll erfahren. Im März 2020 wurde er wegen zahlreicher Sexualvergehen zu dreiundzwanzig Jahren Haft verurteilt.

Ganz anders lief es bei den Dreharbeiten zu Redfords Film in Georgia und South Carolina im Herbst 1999, obwohl wir auch hier ein wenig zittern mussten. Wegen eines gewaltigen Hurrikans war das komplette, mehrere Hundert Mitarbeiter umfassende Team dieser 130-Millionen-Dollar-Produktion von Savannah ins Innere des Landes evakuiert worden und kehrte erst kurz vor unserem Eintreffen zurück.

Mitte Oktober flogen Peter und ich über Washington, wo wir am Flughafen übernachteten, nach Savannah. Die regennasse Landebahn dort zeigte uns, dass die berühmt-berüchtigte Hurricane Season sich gerade erst verabschiedet hatte, und schon in der Ankunftshalle stellten wir fest, dass wir im Süden der USA angekommen waren.

Überall hörten wir den charakteristischen Südstaatensingsang. Die Menschen bewegten sich langsamer, sie sprachen langsamer – alles dem Klima dort angemessen, denn es konnte eigentlich zu jeder Zeit drückend heiß werden: eine entspannt-gelassene Atmosphäre.

Die vermittelte uns auch der Taxifahrer, ein älterer Herr, der uns zu unserem Hotel fahren sollte. Langsam stieg er aus seinem Wagen und begrüßte uns freundlich, als wir mit unserem Berg an Gepäck anrollten. Er öffnete seinen Kofferraum und schaute Peter freundlich-erwartungsvoll an. Als Niederrheiner wie immer schnell im Kopf verstand er augenblicklich die dem Südstaatenklima angepasste Aufforderung zum Self-Service, zögerte nicht lange und wuchtete Gepäckstück für Gepäckstück eigenhändig in den Wagen. Danach fragte er, nur ein kleines bisschen provokant, den Taxifahrer: »Have I done a good job?« – »Yeah, you did!«, war die Antwort. Dann schüttelten sie sich kräftig die Hände und wir konnten endlich losfahren.

Als wir unser Hotelzimmer betraten, sahen wir an einer Wand ein kleines Lämpchen mit dem Schriftzug »Ship coming« rot aufleuchten und siehe da: Unser Hotel lag direkt am Savannah River. So konnten wir die riesigen Frachter bei der Einfahrt in den Hafen beobachten – für uns ein ungewohntes Spektakel.

Am Set angekommen, erwartete uns bereits Micha Ballhaus und führte uns gleich in die Golfanlage. An einem der vielen Teiche des Geländes sahen wir schon von Weitem Robert Redford mit einigen Leuten der Crew. Nach einer freundlichen Begrüßung stellte uns Redford in einer kurzen Ansprache vor und schloss mit dem Hinweis, dass wir ab sofort zur Crew gehörten und uns am Set frei bewegen könnten.

Dank Redfords großzügiger Geste konnten wir schon am nächsten Tag mit den Dreharbeiten beginnen. An einem frühen Oktobermorgen fuhren wir mit unserem Team wieder nach Hilton Head, South Carolina. Die Fahrt in der Morgendämmerung durch die Sumpflandschaft war noch gespenstischer als am hellen Tag. Als wir unser Ziel kurz vor den ersten Sonnenstrahlen gegen acht Uhr erreichten, war Michael Ballhaus schon damit beschäftigt, mit seinem Team die Tagesplanung zu besprechen. Er strahlte zwar, wie beinahe immer, gute Laune aus, doch im Verlauf des Tages merkte ich, dass Micha mit dem schleppenden Fortschritt der Dreharbeiten haderte. Was war geschehen?

Zum einen hatte die durch den Hurrikan verursachte Evakuierung zu erheblichen Verzögerungen geführt, zum anderen wollte Redford, der mit einer größeren Szene des Films unzufrieden war, das Drehbuch an dieser Stelle umschreiben. Seit Tagen wartete Micha ungeduldig auf die neue Fassung, ohne dass irgendwas passierte. Man merkte ihm nichts an. Allerdings empfand ich es als seltsam, dass, wann immer ich ihn an diesem Drehtag traf, er mindestens ein hart gekochtes Ei verspeiste. Als ich ihn darauf ansprach, sagte er, dass es sich um »Frusteier« handele, um das Warten auf Redfords ungeschriebene Szene psychisch einigermaßen zu verkraften. Offenbar ein fränkisches Hausmittel.

Trotz der schwierigen Phasen, die bei allen Dreharbeiten auftreten, blieb die Stimmung am Set hochkonzentriert, nie aufgeregt oder verkrampft. Es ging erstaunlich leise zu. Das lag vor allem daran, dass sowohl Robert Redford als auch Micha Ballhaus die Drehs ohne Hektik und mit viel Sensibilität steuerten. Auch in schwierigen Situationen wurden sie niemals laut, konnten aber sehr deutlich werden.

Abgesehen von meinem »offiziellen« Interview mit Robert Redford hatten Peter und ich trotz des umfangreichen Tagespensums der Crew einige Male die Gelegenheit, uns mit ihm am Rande auszutauschen. Er sprach mich sofort auf meinem Urgroßonkel Anton Tschechow an und erzählte, dass er an der Schauspielschule in »Die Möwe« mitgespielt und dadurch Tschechow lieben gelernt habe. Natürlich redeten wir auch über seine Regiearbeiten wie *Ordinary People, Quiz Show* und *The Milagro Beanfield War*.

Am letzten Tag unseres Aufenthalts verabschiedeten sich auch die Alligatoren, die sonst schläfrig an den vielen Tümpeln des Golfkurses herumlungerten, mit einer Showeinlage. In der Mittagspause warf ein Techniker der Crew mehrmals hintereinander gebratene Hähnchen in Richtung einer der Teiche und jedes Mal schnellten ein oder zwei Alligatoren hoch, um die Mahlzeit noch in der Luft zu schnappen. Es war nicht unbedingt ein ästhetischer Anblick. Er erleichterte uns aber den Abschied von Hilton Head.

Die Dreharbeiten gingen nun in der Altstadt von Savannah weiter, einer der schönsten alten Städte der USA. Schon beim ersten Blick auf die wunderschön restaurierten Villen und Bürgerhäuser der klassizistisch-historistischen Ante-Bellum-Architektur aus der ersten Hälfte des 19. Jahrhunderts versteht man, warum Savannah für Filme wie Robert Zemeckis *Forrest Gump* oder Clint Eastwoods *Midnight in the Garden of Good and Evil* als Kulisse diente.

Den hitzigen Höhepunkt der Woche lieferte allerdings Peter. In einer Drehpause sah ich ihn in der zu dieser Jahreszeit immer noch glühenden Mittagssonne stehen. Es war sein fünfzigster Geburtstag und er war vertieft in ein Gespräch mit Matt Damon. Wie Peter mir später erzählte, tauschten sich beide intensiv über Boston und Berlin aus. Als ich nach einer halben Stunde keine Anzeichen bemerkte, dass das Gespräch in Kürze beendet würde, ging ich in unser nahe gelegenes Hotel und holte einen Strohhut, um ihn Peter zu bringen, damit er sich vor der Sonne schützt. Als ich zurückkam, steckten Matt und Peter immer noch ihre Köpfe zusammen – und der Strohhut kam zu spät. Micha sagte: »Peter, du glühst ja wie eine Leuchtboje. Ich hole den Medic.« Ärztliche Hilfe war allerdings nicht erforderlich, es war nur ein leichter Sonnenbrand, der einer fröhlichen Geburtstagsfeier am Abend nicht im Wege stand.

* * *

Das Jahr 2000 begann sehr traurig für mich. Kurz vor seinem einundneunzigsten Geburtstag starb mein Vater. Er hatte liebevoll moderierend die ersten zehn Jahre meiner Ehe mit Peter begleitet, indem er, ohne dass wir es bemerkten, unsere hitzköpfigen Eigenwilligkeiten zügelte. Meinen Vater und meine Stiefmutter trafen wir, wenn wir in Berlin waren, mindestens einmal in der Woche. Bei der Verabschiedung fragte mein Vater Peter jedes Mal, ob er irgendwelche Medikamente benötige. Und jedes Mal kam die gleiche Antwort: »Ich könnte wieder mal etwas graue Salbe gebrauchen«, worauf mein Vater herzhaft zu lachen begann. Ich bin sicher, dass mein Vater die Frage vor allem deshalb stellte, um diesen Blödsinn zu hören.

Ein weiteres Ritual zwischen den beiden bestand darin, dass mein Vater regelmäßig Peter bat, den immergleichen Witz zu erzählen: Der Chefarzt ruft am Sonntag die Oberschwester an und fragt, ob alles in Ordnung sei. Die antwortet prompt: »Alles in Ordnung, Herr Professor, nur der Simulant von Zimmer 15 ist verstorben.« Stets folgte das schallende Gelächter meines Vaters.

* * *

Meine Trauer war tief und sie dauerte. Aber dann ging das Leben weiter und mit ihm die Arbeit. Mein lieber Freund Klaus Eder machte einen Vorschlag, der mir sofort gefiel. Klaus hatte in seiner Arbeit als Filmjournalist und als Generalsekretär der Internationalen Vereinigung der Filmkritiker eine besonders enge Verbindung zum taiwanesischen Filmregisseur Ang Lee, der damals gerade für seinem Film *Tiger & Dragon* mit dem Oscar ausgezeichnet worden war.

Peter und ich hatten seine Filme *The Wedding Banquet* und *Eat Drink Man Woman* mit Begeisterung gesehen. Sie hatten auch die britische Schauspielerin Emma Thompson derart fasziniert, dass sie für ihr Drehbuch zur Ver-

135

filmung von Jane Austens Roman *Sinn und Sinnlichkeit* Ang Lee mit der Regie beauftragte. Dafür erhielt sie 1995 den Oscar.

Im Frühjahr 2001 begann ich mit den Vorbereitungen zu einer Dokumentation über Ang Lee. Die zwei Jahre, die vergingen, bis wir mit den Dreharbeiten beginnen konnten, waren für mich die bisher längste Vorbereitungszeit. Was mich an dieser Arbeit ganz besonders reizte, war die intensive Beschäftigung mit der asiatischen, speziell der chinesischen Philosophie, um mich besser in Angs Filmschaffen einfühlen zu können. Es waren die vielen neuen Perspektiven, mit denen ich mich auseinandersetzen musste, die diese Arbeit so aufregend machten.

Zur Vorbereitung gehörte, wie immer, die sorgfältige Auseinandersetzung mit der Lebensgeschichte des Protagonisten und mit seinen Filmen. Besonders eingehend beschäftigte ich mich mit Angs Filmen *Ice Storm, Ride with the Devil* und vor allem mit *Sinn und Sinnlichkeit*. In all seinen Filmen stehen dramatische gesellschaftliche wie politische Erschütterungen und ihre Folgen für das Zusammenleben der Menschen im Mittelpunkt. Mir fiel es nicht schwer, einen Titel für meine Dokumentation zu finden: *Ang Lee – Grenzgänger zwischen den Kulturen.*

Aus dem bewährten Zweierteam von Peter und mir wurde beim Drehbuchschreiben ein Dreierteam, denn meine liebe Freundin, die Dramaturgin Julia Gerdes, schloss sich uns an. Hinzu kam, dass der Bayerische Rundfunk (BR) sich sehr früh bereiterklärte, den Film mit mir zu produzieren. Doch die Frage, wann und wie bekomme ich meine drei Hauptdarsteller vor die Kamera, bereitete mir schon ein wenig Kopfzerbrechen. Im Mittelpunkt des Konzepts für meinen Film standen Gespräche mit Ang Lee, seinem Produzenten James Schamus und der von mir verehrten Emma Thompson.

Trotz aller Befürchtungen war die Organisation der Termine nicht ganz so anstrengend wie erwartet. Klaus Eder organisierte ein Treffen mit Ang Lee bei dessen Postproduktion für seinen Film *Hulk* in den Industrial Light & Magic-Studios im Norden der San Francisco Bay Area. Und Emma Thompson?

Wie gut, einen Freund wie Michael Ballhaus zu haben! Emma und Micha hatten sich bei den Dreharbeiten zum Film *Primary Colours* (Regie: Mike Nichols) kennengelernt und Freundschaft geschlossen. Als ich ihm von meinem Projekt berichtete, gab er mir Emmas private Telefonnummer mit dem Hinweis, mich beim Anruf auf ihn zu beziehen.

Nach einigen Tagen wagte ich mit viel Herzklopfen, Emma Thompson anzurufen. Als ich am anderen Ende der Leitung eine Frauenstimme hörte, legte ich vor lauter Aufregung sofort wieder auf. Umgehend rief ich Peter an, der in der Stadt unterwegs war, und bat ihn, für mich den Anruf zu übernehmen. Nach etwa einer Stunde kam er vielsagend lächelnd nach Hause und erzählte mir von einer liebenswerten Emma Thompson, die uns in ihr Haus in London Hampstead eingeladen habe. Den Termin habe er auch schon mit ihr verabredet.

Im Frühjahr 2003 begannen wir in Paris mit den Dreharbeiten. James Schamus, einer der bedeutendsten internationalen Arthouse-Filmproduzenten und Drehbuchautoren, hatte uns bereits einiges über seinen Freund und Partner Ang Lee erzählt. Schon bei der ersten Begegnung habe er die kreative Besessenheit Ang Lees erkannt. Sobald Ang die Idee zu einem Film entwickelt habe, sei ihm die Dramaturgie des

Films en détail im Kopf. Wie bei einem Telefonbuch, das konsequent von A bis Z geht, kann er Bild für Bild, Szene für Szene erklären.

Meine Begegnung mit Ang fand in San Rafael nördlich von San Francisco statt. Ich traf auf einen äußerst freundlichen, hochgescheiten Gesprächspartner mit viel Humor und großer Bescheidenheit. Das Erste, was er sagte, war: »Those crazy people from Germany came all the way down, just to see me.« Immer diese verrückten, neugierigen Deutschen, die mich sehen wollen!

Er nahm sich sehr viel Zeit, um mir die Leitideen seiner Filme zu vermitteln, die verschiedenen Kulturen zu beschreiben, mit denen er sich auseinandergesetzt hat. Eigentlich sei er nicht fest verwurzelt, sondern eher wie eine Wasserpflanze: »Irgendwie schon mit einer Wurzel, aber darüber hinaus mit vielen anderen Kulturen verbunden.« Am Ende des Drehs bat ich Ang um einen Gang durch die Studios. Ich musste lachen, als er sich kurz vor der Aufnahme selbst eine Regieanweisung gab: »I think I have to smile!«

Niemand hat diesen großen Filmemacher besser auf den Punkt gebracht als Emma Thompson: »Ang ist unglaublich stark, physisch wie psychisch. Es ist eine unvorstellbare Leistung, in ein Land zu kommen, das ihm völlig unbekannt war, in diesem Fall Großbritannien, und dann einen Film zu drehen über ein zutiefst britisches Thema der britischen Geschichte mit britischen Schauspielern und einer britischen Crew. Diese unglaubliche Stärke sieht man Ang nur gar nicht an. Da steht ein kleiner Mann mit hängenden Schultern, der aussieht wie ein Zehnjähriger, wie ein zusammengefalteter kleiner Vogel, der aber alle bei der Arbeit überragt.«

Jedes Mal, wenn ich dieses Zitat von Emma höre, muss ich schmunzeln und an Anthony Quinn denken, der über meinen Großvater Michail Tschechow praktisch das gleiche gesagt hat:»The little tiny man.«

Die Begegnung mit Emma Thompson gehört für mich zu den schönsten Erfahrungen meines langen Berufslebens. Emma ist nicht nur eine der ganz großen Schauspielerinnen unserer Zeit, dazu eine Intellektuelle. Vor allem aber ist sie ein wunderbarer Mensch mit sehr viel Humor. Wir trafen sie, ihre kleine Tochter Gaia und ihren Mann Greg Wise in deren Haus in London Hampstead. Nach einer herzlichen Begrüßung brachte Emma als Erstes unserem Fahrer ein Tablett mit Kaffee und Keksen.

Danach nahm sie mich allein in ihre Küche und schickte Greg und Peter, die sowieso schon die Köpfe zusammensteckten, in den Garten. Zwischen uns entspann sich ein intensives Gespräch über das Leben und die Rolle der Frau in unserem – damals noch mehr als heute – von Männern dominierten Beruf. Wir erzählten einander unsere nicht immer schönen Geschichten – und sprachen über die zuweilen dornigen Wege, die wir beide gegangen sind, an deren Ende wir uns aber, trotz alledem, durchsetzen konnten.

Zu Recht klopften wir einander auf die Schultern, denn so etwas wie die *MeToo*-Bewegung gegen sexuelle Belästigung war damals undenkbar. Wir amüsierten uns über die Gockelhaftigkeit und Eitelkeit von Männern gerade in der Filmbranche und kamen zum Schluss, dass die wirklich großen Schauspieler meist in der Lage sind, ihre Eitelkeit zu bändigen. Emma brachte das mit einem Mark-Twain-Zitat auf den Punkt:»Es gibt keine Abstufung von Eitelkeit, es gibt nur eine Abstufung der Fähigkeit, seine Eitelkeit zu verbergen.«

Dabei kochte sie Kaffee für das gesamte Team, und klar, Peter musste unbedingt eines seiner geliebten Benny-Hill-Zitate loswerden: »I think you're driving this women's lib thing a little bit to far!« Man kann es mit der Frauenbefreiung auch übertreiben … Ich denke oft an Emma, sehe mir ihre Filme zum wiederholten Male an und stelle fest, dass ich diese Gespräche mit ihr sehr vermisse.

* * *

Schon während der Vorbereitungen zum Film über Ang Lee machte mich Klaus Eder auf eine sehr junge iranische Filmemacherin aufmerksam, die die internationale Filmwelt begeisterte. Ihr Name: Samira Makhmalbaf. Samira war mit gerade zwanzig Jahren ein gefragter Regiestar der großen Filmfestivals. Für ihren Film *Blackboards* (2004) wurde sie in Cannes ausgezeichnet. Sie war Jurymitglied in Venedig, Cannes, Locarno und bei der Berlinale.

Peter und ich hatten ihre Filme gesehen und waren tief beeindruckt. Auch ihr Beitrag zum Episodenfilm *11'09''01 – September 11* aus dem Jahr 2002 gefiel uns sehr. In diesem Film setzen sich elf Regisseure, darunter Sean Penn, Claude Lelouch und Ken Loach, mit den terroristischen Anschlägen von al-Qaida am 11. September 2001 in New York und Washington auseinander.

Doch nicht nur Samira, sondern ihre ganze Familie, ihr Vater Mohsen, ihre Stiefmutter Marzieh, ihre Schwester Hanna und ihr Bruder Maysam, sind allesamt Filmemacher und brachten uns auf die Idee, einen Film über sie zu drehen. Da Samira 2004 Mitglied der Berlinale-Jury war, bot sich die Gelegenheit zu einem ersten Gespräch.

Samira und ich waren uns sofort ausgesprochen sympathisch und sie versprach, mein Vorhaben im Kreis ihrer Familie zu unterstützen. Wenige Wochen später kam dann auch die Zustimmung aller Makhmalbafs: Der Familienrat hat Ja gesagt. Die erste Hürde war genommen, die zweite allerdings erwies sich als wesentlich schwieriger. Meine ursprüngliche Idee, große Teile des Films im Iran zu drehen, konnte ich nicht realisieren. Den Reiseantrag stellte ich im Mai 2005. Ich erinnere mich noch gut an meinen Besuch in der iranischen Botschaft, begleitet vom damaligen deutschen Botschafter in der Schweiz, Frank Elbe.

Bevor wir eintraten, warnte Frank mit den Worten: »Sei bitte nicht überrascht, wenn dir keiner der Herren die Hand gibt!« Das konnte ich ganz gut verkraften – auch die Aussage des zuständigen Botschaftsrats, dass es einige Zeit dauern werde, bis die Formalitäten erledigt seien. Dass allerdings die Genehmigung erst mehr als ein Jahr später eintreffen sollte, und zwar Monate nach Beendigung meiner Dreharbeiten, konnte ich damals noch nicht ahnen.

Frohen Mutes bereiteten Peter und ich uns auf eine Reise in ein Land vor, in dem gerade der islamistische Hardliner Ahmadinedschad zum Staatspräsidenten berufen wurde. Natürlich beschäftigte ich mich eingehend mit der Geschichte, speziell der Kulturgeschichte des Landes, und mit den politischen Entwicklungen nach dem Zweiten Weltkrieg. Selbst auf die Kleiderordnung dort bereitete ich mich vor, indem ich mir ein bodenlanges Kleid anfertigen ließ – vergeblich, wie sich zeigte.

Die liebenswerten, hochgebildeten Mitglieder der Makhmalbaf-Familie waren mehr als nur eine Entschädigung für vergebliche Mühen. Sie verhalfen mir zu Einblicken in eine

Weltregion – Iran, Afghanistan, Irak und Syrien –, die seit Jahrzehnten ein einziger politischer Brandherd der Welt ist. Natürlich hatten alle Filme, die all die Konflikte zum Thema machten, massive Probleme mit der iranischen Zensur und wurden verboten. 2005 verließ Vater Mohsen sein Land für immer.

An den Drehorten Paris und Berlin lernte ich fünf Persönlichkeiten kennen, die es gewohnt waren, ihre eigenen Wege zu gehen, aber stets da sind, wenn sie von den anderen Familienmitgliedern gebraucht werden. Sie sind eben keine gleichgeschaltete, kollektivistische Gemeinschaft, sondern ein Verbund von Individualisten. Das macht die große Kraft der Familie Makhmalbaf aus.

Diese Dokumentation war sicherlich mein politischster Film, obwohl das Politische in all meinen Regiearbeiten eine Rolle spielte. Samiras Filme waren ebenso politisch wie die von Mohsen – *Kandahar* oder Marziehs Film *The day I became a woman*. Filme, deren Ziel es ist, »all das an den Pranger zu stellen, was uns auf unserem Weg zur Freiheit behindert«.

Bestechend Mohsens Diagnose der Situation in weiten Teilen der arabischen Welt: »Viele Menschen nicht nur im Iran glauben, dass die Gesetze und Regeln, die von den Menschen vor 1400 Jahren aufgestellt wurden, heute genauso gültig sind. Das ist so, als würden die Menschen, die seit 1400 Jahren tot sind, für uns heute Entscheidungen treffen. Genau das nenne ich Fundamentalismus.«

* * *

Nach dem plötzlichen Tod von Helga Ballhaus im Jahr 2006 intensivierte sich die Freundschaft zu Michael. Wir trafen uns noch häufiger. An einem Tag im Frühjahr 2007 hatten Peter und ich Micha zu Hause abgeholt, um wie immer gemeinsam zum Abendessen ins Ristorante »Don Carlo« zu fahren. Ich weiß nicht mehr, wer von uns es ansprach, jedenfalls stimmten wir allesamt überein, dass ich einen Film über das Leben von Michael machen sollte. Eine Dokumentation über die Zusammenarbeit zwischen Micha und Robert Redford hatte ich zwar schon 1999 gedreht, aber für ein umfassendes filmisches Porträt fehlte bisher die Zeit, weil Micha über Jahre ohne Pause irgendwo auf der Welt, meistens in den USA, die Kamera führte. Schon beim Abendessen begannen wir über das Konzept zu sprechen. Peter und ich fragten Micha nach seinen Lieblingsorten und den wichtigsten Menschen, denen er auf unserer Reise durch sein Leben begegnen sollte.

Wenige Wochen später stand das Drehbuch. Drei ARD-Sender übernahmen die Produktion, sodass die Dreharbeiten im Sommer 2007 beginnen konnten. Wie bei all meinen Regiearbeiten vorher war Peter mein Sparringspartner – von der Idee über das Drehbuch und die Dreharbeiten bis hin zur Endmischung. Er war Co-Autor, Organisator, Koordinator und darüber hinaus für die Auswahl der Filmmusik zuständig.

Wir drehten in Berlin, Baden-Baden, an der West- und Ostküste der USA sowie an Michas geliebtem fränkischem Rückzugsort, einem kleinen Dorf in der Nähe von Bamberg. In dieser Region verbrachte er einen großen Teil seiner Kindheit und Jugend. Dort erwarb er vor vielen Jahren, direkt gegenüber der Dorfkirche, das ehemalige Pfarrhaus, das er seinen Wünschen entsprechend umbauen ließ. Hier, im ländlichen Frankenland, konnte er nach all den Dreharbeiten zur Ruhe kommen und seine Mitte wiederfinden.

Manchmal, so erzählte er mir, sei er zwar »physisch« zu Hause angekommen, aber in Gedanken immer noch am Set gewesen. Seine erste Frau Helga, mit der er seit 1958 verheiratet war, behandelte er so wie seine Söhne: als seien sie Mitglieder seines Kamerateams. Helga wurde es meistens zu bunt und sie sagte: »Wir sind nicht einer deiner Scheinwerfer! Geh nach Franken, damit du wieder geerdet wirst.«

Im September des Jahres flogen wir mit Michael und dem Kamerateam nach Los Angeles. Sein Haus in Studio City war für uns der erste Drehort. Der Höhepunkt der Reise aber fand am Strand von Santa Monica statt, denn hier sollten wir Michas Freund Dustin Hoffman treffen. Nachdem uns Michael frühzeitig die nötigen Kontaktdaten übermittelt hatte, organisierte Peter mit der persönlichen Assistentin von Dustin Hoffman den Drehtermin.

Die beiden hatten als Treffpunkt unser Hotel »Shutters on the Beach« um zehn Uhr am Vormittag verabredet. Allerdings hatte die Assistentin Peter vorsorglich darüber informiert, dass Dustin am Tag vor unserem Zusammentreffen von Dreharbeiten aus Großbritannien zurückgekehrt sei und sehr unter Jetlag-Folgen leide.

So standen Micha, Peter und ich mit unserem Team in Erwartung eines Weltstars am Morgen eine halbe Stunde vor dem verabredeten Termin an der Hotelauffahrt. Nach einer Viertelstunde klingelte Peters Handy. Er führte ein kurzes Telefonat: Dustins Assistentin bat um Entschuldigung dafür, dass Dustin Hoffman sich um eine Viertelstunde verspäte.

Eine Viertelstunde! Andere Filmstars dieses Kalibers lassen schon mal Stunden auf sich warten.

Um Punkt 10.15 Uhr fuhr ein kleines Auto vor, dem ein kleiner Mann mit einer Plastiktüte in der Hand entstieg. Als er Michael Ballhaus erkannte, kam er schnellen Schrittes auf uns zu. Dustin entschuldigte sich für seine Verspätung und seine etwas geröteten Augen: Jetlag und Schlaflosigkeit hatten ihre Spuren hinterlassen.

Den Dreh mit Dustin begann ich mit einem Interview, das ich mit ihm und Micha in einem Zimmer unseres Hotels führte. Während unseres Gesprächs merkte ich erst, welch tiefe Freundschaft die beiden verband. Es war von Beginn an eine sehr entspannte, fröhliche und herzliche Atmosphäre.

Auf berührende Weise erzählte Micha, wie Dustin Hoffman einmal zu seinem Lebensretter wurde und mit Witz und Charme seine Hilfsaktion herunterspielte. Während der Dreharbeiten zu *Outbreak* musste Michael mit einem blutenden Magengeschwür zwei Stunden lang in einem Krankenhaus in Los Angeles warten, ohne dass sich jemand um ihn kümmerte. Dustin, der vom Regisseur Wolfgang Petersen erfahren hatte, was passiert war, machte sich sofort auf den Weg ins Krankenhaus und stauchte die Ärzte dort dermaßen zusammen, dass sie Micha augenblicklich behandelten, pflegten und umhegten. Michael sagte: »Ohne dich, Dustin, hätte ich das nicht überlebt.« Lächelnd erwiderte er: »Dieses Krankenhaus hat in Los Angeles einen Spitznamen, und der lautet ›Starfucker‹! Zum Glück waren die Ärzte dort Starfucker. Nicht ich, sondern meine Prominenz rettete dein Leben!«

Danach drehten wir einen langen Spaziergang der beiden am Strand von Santa Monica. Einmal blieb Dustin stehen, drehte sich zu Micha, umarmte ihn und sagte: »Michael, I love you!« Vielleicht wären sie noch ewig so weitergelaufen, wenn Micha nicht der mittägliche Hunger geplagt hätte. Also verabschiedeten wir uns von Dustin mit *Good bye*, worauf er sofort erwiderte:»Ich mag nicht *Good bye* sagen, ich sage immer *See you tomorrow*.«

Als er sich schon auf dem Weg zu seinem Auto befand, drehte Dustin sich um, kehrte zu uns zurück und sagte, er habe seine Tüte im Hotelzimmer vergessen. Michael drängte zum Mittagstisch, sodass ich Peter bat, Dustin zu begleiten. Peter gab ich die Anweisung mit auf den Weg, nicht wie üblich Witze aus seinem Sortiment»truly tasteless jokes«, wahrhaft geschmacklose Witze, zum Besten zu geben.

Etwa eine Stunde später – Micha schlief nach einem guten Essen in der Sonne am Pool – war Peter immer noch nicht zurück. Kurz bevor ich begann, mir Sorgen zu machen, kam er und erzählte freudestrahlend von seiner Unterhaltung mit Dustin Hoffman. Auf dem Weg zum Zimmer hätte er ihm erzählt, dass er alle Filme des großen amerikanischen Komikers W. C. Fields gesehen habe und ihn sehr verehre. Auch Dustin gab sich als Fan von Fields zu erkennen und untermauerte das Bekenntnis mit seinem Lieblingszitat:»I hate water, filthy stuff, where the fish are fuckin' in!«Damit muss das Stichwort gefallen sein, denn die beiden setzten sich für eine geschlagene Stunde zusammen und erzählten sich gegenseitig»truly tasteless jokes«.

* * *

Im Januar 2008 machten Peter und ich uns noch einmal in die USA auf. Diesmal ohne Micha Ballhaus und dieses Mal nach Boston an der Ostküste des Landes. Hier wollten wir einen weiteren Weltstar und engen Freund von Michael treffen. Verabredet waren wir mit dem Regisseur Martin Scorsese, der mit Filmen wie *Taxi Driver, Raging Bull, The Last Temptation of Christ, Gangs of New York* und *The Departed* Filmgeschichte geschrieben hat. Sieben Filme haben Marty Scorsese und Michael Ballhaus gedreht, darunter die drei letztgenannten sowie *After Hours, The Color of Money* und *Good Fellas*.

Micha verband mit Marty eine ähnlich tiefe Freundschaft wie mit Dustin Hoffman. Daher hatten wir auch überhaupt kein Problem, das Treffen mit ihm in Boston zu arrangieren, obwohl er dort tief in den Vorbereitungen für seinen nächsten Film *Shutter Island* steckte. Ganz im Gegenteil, Scorsese sorgte dafür, dass wir in dem Hotel, in dem er mit seiner Crew wohnte – eines der besten in Boston – ebenfalls Zimmer beziehen konnten.

Das Interview mit Marty fand dann auch in diesem Hotel statt. Ich hatte Peter gebeten, mit mir gemeinsam das Gespräch zu führen, da Marty für sein Schnellsprechen so berühmt wie berüchtigt ist.

Als er ganz entspannt und gut gelaunt das Zimmer betrat, überreichten wir ihm zunächst ein kleines Geschenk. Martys Eltern stammten aus Palermo auf Sizilien. In seiner Abschlussarbeit an der Filmhochschule hatte er sie unter dem Titel *Italian American* porträtiert. An einer Stelle sprachen sie über einen Platz in Palermo, auf dem viele nackte Frauenbüsten stehen. Hinter vorgehaltener Hand und voller Scham sagte Mutter Scorsese, dass dieser Platz im sizilianischen Volksmund »Platz der Schande« heiße.

Diese Geschichte erzählten wir vor unserer Reise unserem Freund Salvatore, der ebenfalls aus Palermo stammt.

Salvatore schenkte uns dazu passend ein kleines Aquarell dieses »schandvollen« Platzes, das wir Marty überreichten. Er bedankte sich überschwänglich und legte das Bild neben sein Inhaliergerät gegen Asthma, das er seit seiner Kindheit immer bei sich tragen muss.

Wir sprachen über seinen Weg zum Film, über seine Eltern – und Palermo. Nach dem Gespräch sagte Peter zu Marty: »Einer Ihrer Freunde, ein katholischer Priester, hat doch über ihren Film *The Last Temptation of Christ* gesagt: »Zu viel Karfreitag, zu wenig Ostersonntag!« Marty lachte: »Das hat er über jeden meiner Filme gesagt!« Danach verabschiedete er sich, nahm das Bild, für das er sich noch einmal herzlich bedankte, und ging. Doch nach einer Weile klopfte es an unserer Tür. Es war Martys Assistentin, die sein Inhaliergerät abholte und kopfschüttelnd sagte: »Das vergisst er sonst nie!«

* * *

Am 12. April 2017 starb unser Freund Micha, Michael Ballhaus. Wir alle denken ständig an ihn – *The real Mensch*. Trotz seiner sich ständig verschlimmernden Augenkrankheit blieb er lebensfroh und stets gut gelaunt. Besonders in Erinnerung geblieben ist mir seine Gabe, sich auch über die kleinste Kleinigkeit wie ein Kind zu freuen. So konnte ihn ein einfacher Rotwein zu einer wahren Lobeshymne bewegen. Wir vermissen ihn, aber in unseren Gedanken ist er stets gegenwärtig.

Wie sagte mein Onkel Andre Knipper am Grab von Anton Tschechow über die Art der Georgier, die Toten zu ehren: »Auf die Toten, denn sie sind immer bei uns!«

UND JETZT?

Therese Giehse, die große Brecht-Schauspielerin, hat einmal gesagt: »Man darf die Wirklichkeit nicht in Ruhe lassen!« Aber kann man das, auch wenn man nicht mehr im Berufsleben steht?

Seit meiner letzten Regiearbeit, seit meinem Entschluss, ins »Rentnerdasein« zu wechseln, sind nunmehr gut zehn Jahre vergangen. Rückblickend kann ich die Frage mit einem eindeutigen Ja beantworten. Ich habe auch in dieser Phase meines Lebens nichts »erstarren lassen«, wie meine Freundin Monika Sperr einmal formulierte.

Wie habe ich das gemacht? Ganz oben an steht für mich das Lesen. Es ist zwar seit meiner Kindheit aus meinem Leben nicht wegzudenken, doch während des Berufs saß mir zumeist der Zeitdruck im Nacken. Intensität und Muße sind heute völlig anders verteilt, sodass nicht nur durch Peters Lesehunger, sondern auch durch mich unsere Bibliothek wächst und wächst.

Während er sich vor allem mit soziologischen und philosophischen Texten auseinandersetzt, lese ich querbeet, von

Martin Walser bis Louis Begley, von Donna Leon bis Juli Zeh, Peter Schneider, Daniel Kehlmann, Mario Vargas Llosa und viele andere.

Ähnlich wie das Lesen hält die Musik meinen Kopf ständig in Bewegung. Speziell der Jazz, ganz besonders Miles Davis, Errol Garner und vor allem unser Freund Till Brönner, der übrigens die Musik zu meiner Doku über Ang Lee gemacht hat. Die Musik bereichert meine Fantasie und versetzt mich in gute Stimmung.

Der Gang ins Kino und ins Theater gehörte immer schon zu unserer Gewohnheit. Das Gleiche gilt für den Besuch von Ausstellungen und Museen. Daran hat sich bis heute nichts geändert.

Doch wir tun all das mit einer anderen Gelassenheit als früher. Es fehlt der Zwang, ganz schnell noch dies oder jenes »mitzunehmen«, auf den letzten Drücker hier oder dorthin zu fahren, wo man unbedingt kurz vor Torschluss noch diese eine Ausstellung sehen muss, ohne die man womöglich nicht »mitreden« kann.

All das legt die Vermutung nahe, dass Peter und ich in leicht ansteigender Tendenz kauzige Einzelgänger sind, die sich gefunden haben. Das möchte ich gar nicht bestreiten. Doch was wären wir ohne unsere lieben Freunde? Wir beide brachten Freundschaften mit in die Ehe, die bis heute Bestand haben. Darüber hinaus wurden aus nicht wenigen Bekanntschaften im Zusammenhang mit unserer Arbeit tief empfundene Verbindungen. Der Austausch mit diesen lieben Freunden, die aus unterschiedlichen gesellschaftlichen und kulturellen Bereichen kommen, ist eine besonders wichtige Ladestation für meine Batterien.

Freunde, Lesen, Kinobesuche und anderes – bei Lichte

betrachtet hat sich mein Alltag nicht verändert. Es ist jetzt ein nicht wirklich alltäglicher Alltag, für den ich jeden Tag dankbar bin.

Und wie soll es weitergehen? Oder: Wie wünsche ich, dass es weitergeht? Therese Giehse zitierte einmal lachend einen Volksreim, der den Weg weist:

»Wer morgens dreimal schmunzelt,
mittags nie die Stirne runzelt,
abends singt, dass alles schallt,
der wird 100 Jahre alt.«

Nachdem die große Schauspielerin mir diesen Vierzeiler vorgetragen hatte, schaute sie auf und lächelte, als wollte sie sagen: Ob das wohl stimmt? Für mich war der Reim jedenfalls immer wieder Anlass, über mein bewegtes Leben nachzudenken. Denn es stimmte ja: »Im Hause Tschechow ist immer was los!«, wie unsere Haushälterin Gemma sagte. Und immer wieder frage ich mich, warum ich trotz einer Reihe schwerer Schicksalsschläge und äußerst hektischer Arbeitsphasen bis heute »überwiegend heiter« zurückblicken kann.

»Schmunzeln und nicht die Stirne runzeln« – ja, das war es gewiss auch. Wichtiger noch das »Singen« am Abend, wenn man es als Metapher versteht: laut pfeifen, wenn es mal durch den dunklen Wald geht. Meist hat es geholfen.

Vor allem aber habe ich mir meinen Humor erhalten – ganz im Sinne des großen und mutigen Satirikers Werner »Wernerchen« Finck, der einmal sagte: »Wer lachen kann, dort, wo er hätte heulen können, bekommt wieder Lust zum Leben.«

151

Auch wenn das legendäre Lied der Monty Pythons – »Always look on the bright side of life!« – nicht immer ganz praktikabel ist: Gerade heute, in unseren Zeiten voller Unsicherheit, ist der Versuch, das Leben von der überwiegend heiteren Seite zu nehmen, wichtiger denn je.

FILMOGRAFIE

1957: Witwer mit fünf Töchtern

1957: Unter Achtzehn (dt. VT Noch minderjährig)

1958: Das Mädchen mit den Katzenaugen

1958: Marietto, Camilla und der liebe Gott

1958: Der Maulkorb

1958: Meine 99 Bräute

1958: Der Arzt von Stalingrad

1959: Und das am Montagmorgen

1959: Freddy unter fremden Sternen

1959: Melodie und Rhythmus (Cameo)

1960: Die junge Sünderin

1960: Der Schleier fiel ...

1961: Das Brot der frühen Jahre

1963: Die Legende vom heiligen Trinker

1964: Gerechtigkeit in Worowogorsk

1964: Die Gruft mit dem Rätselschloss

1964: Tod um die Ecke (TV)

1965: Die Chinesische Mauer

1965: Verhör am Nachmittag (TV)

1966: In Frankfurt sind die Nächte heiß
1966: Sie schreiben mit – Franziska weiß alles
(Fernsehserie)
1968: Liebe und so weiter
1969: Tausendundeine Nacht (Fernsehserie)
1970: Nach Stockholm der Liebe wegen
1970: Krebsstation (TV)
1972: Der Illegale (Fernsehdreiteiler)
1973: Olifant
1973: Eine Frau bleibt eine Frau
1975: Das Amulett des Todes
1976: Euridice BA 2037
1976: Erikas Leidenschaften
1978: Der Schimmelreiter
1978: Geschichten aus der Zukunft (Fernsehserie)
1979: Nachbarn und andere nette Menschen
1980: Panische Zeiten
1981: Desperado City
1981: Frau über vierzig (Fernsehserie)
1982: Das Beil von Wandsbek
1982: Bekenntnisse des Hochstaplers Felix Krull
(Miniserie)
1983: Die Romantic Sisters
1983: Dies rigorose Leben
1984: Blaubart
1984: Treffpunkt im Unendlichen
1984: Tausend Augen
1984: Ein Heim für Tiere (Fernsehserie)
1986: Losberg
1986: Tarot
1986: Das Geheimnis von Lismore Castle

1987: Des Teufels Paradies (nur Co-Produktion)
1987: Die Krimistunde (Fernsehserie, Folge 24,
       Episode: »Der letzte Auftritt«)
1988: Rausch der Verwandlung (Miniserie)
1989: Der Fahnder – Ausermittelt
1989: Erdenschwer
1990: Insel der Träume (Fernsehserie)
1991: Liebe auf den ersten Blick
1992: Neptun und Isolde
1993: Tatort – Bauernopfer
1995: Sylter Geschichten (Fernsehserie)
1996: Schuldig auf Verdacht

PERSONENREGISTER

Wir bedanken uns für die freundliche Genehmigung zum Abdruck der folgenden Texte: Auszug aus dem Gedicht »Die Entwicklung der Menschheit« von Erich Kästner auf S. 5 – aus: *Doktor Erich Kästners lyrische Hausapotheke* © Arche Atrium AG, Zürich 1936 und Thomas Kästner; Auszug aus dem Lied »Deutscher Sonntag« von Franz Josef Degenhardt auf S. 29 – © Degenhardt-Erben 2015; Auszug aus dem Gedicht »Die Made« von Heinz Erhardt auf S. 46: © Lappan Verlag, Oldenburg; Gedicht »Sehnsucht nach Altaussee« von Friedrich Torberg auf S. 109ff. – leider ist es uns nicht gelungen, die Rechtsnachfolger von Friedrich Torberg ausfindig zu machen; wir bitten diese darum, sich ggfs. beim Verlag zu melden.

© 2022 Europa Verlag, ein Imprint der Europa Verlage GmbH, München
Umschlaggestaltung: Hauptmann & Kompanie Werbeagentur, Zürich,
unter Verwendung von Fotos von © Peter Badge
Die Fotos im Bildteil stammen alle aus dem Privatarchiv
der Autorin © Vera Tschechowa
Lektorat: Dr. Rüdiger Dammann, Berlin
Layout & Satz: Robert Gigler, München
Gesetzt aus der ITC Slimbach und der Frutiger
Druck & Bindung: Pustet, Regensburg
ISBN 978-3-95890-514-6